Bewerbung

Pimp Your Application

Bewerbung * Vorstellung * Auftritt

Hans-Peter Albrecht
Key-Competence-Coach
Dozent * Management-Trainer * Autor

Hans-Peter Albrecht. Jg. 1959

Als Partner von

gibt er seit 1996 seine praxiserprobten Berufserfahrungen als Referent und Management-Trainer weiter. Information und Kontakt unter

albrecht@premiumseminare.de

www.premiumseminare.de

Bibliografische Information der Deutschen National-bibliothek: Die Deutsche Nationalbibliothek verzeichnet diese Publikation in der Deutschen Nationalbibliografie; detaillierte bibliografische Daten sind im Internet über www.dnb.de abrufbar.

© 2015 Hans-Peter Albrecht

„Herstellung und Verlag:
BoD – Books on Demand, Norderstedt"

ISBN 9 783 734 777 165

Bewerbung

Pimp Your Application

Bewerbung * Vorstellung * Auftritt

Persönliche oder berufliche Entwicklung - Wir zeigen Ihnen den Weg!

Vorwort

Sie wollen sich über die aktuellen Standards einer Bewerbung von heute informieren?
Wie erstellen Sie Ihre Unterlagen perfekt?
Wie präsentieren und verkaufen Sie sich bei einem Bewerbergespräch?
Wie bereiten Sie sich bestmöglich vor, um Ihre Person optimal zu vermarkten!
In diesem Buch gebe ich Ihnen Tipps für den gesamten Bewerbungsablauf.
Von der Gestaltung Ihrer Unterlagen, Ihrem Auftritt bis zu den Fragen mit denen Sie rechnen müssen - zu all diesen Punkten bekommen Sie Tipps!
Selbstverständlich sollen Sie diese Ratschläge auf Ihre Person abstimmen, denn die optimale Bewerbung, die richtigen Antworten, das richtige Outfit, muss zu Ihnen passen und die Einzigartigkeit Ihrer Person unterstreichen.
Nur durch Wissen ist Training und Zielerreichung möglich, denn alles was Sie kennen verliert ihren Schrecken.
Die zeitgemäße Bewerbung und ein selbstbewusstes Vorstellungsgespräch, sichert die erfolgreiche Überwindung aller Hürden und endet mit einem neuen Arbeitsvertrag!

Viel Erfolg wünscht

Hans-Peter Albrecht

Inhaltsverzeichnis

Unternehmensform 13

Definieren Sie sich 15

Stellenangebot 17

Grundsätzliches 18

Blind-Bewerbung 20

Initiativ-Bewerbung 20

Umfang einer Initiativbewerbung 23

Headhunter * Personalvermittler 23

Online Bewerbung 25

Mappen 32

Online-Formulare 32

Anschreiben 33

Ohne diese Schlagworte 36

Deckblatt 38

Lebenslauf 38

Aktuelle Tätigkeit ganz oben 44

Motivationsschreiben 45

Anlagen 48

Lügen ist erlaubt oder 49

Verschönern - manchmal 51

Bewerbung ohne Arbeitszeugnisse 52

Mit bester Empfehlung ... 54
Wer sollte eine Referenz angeben ... 55
Wer ist als Referenzgeber geeignet ... 56
Kann ein Referenzgeber zur Auskunft verpflichtet werden ... 57
Wie wird eine Referenz angegeben ... 57
Wie viele Referenzen sind sinnvoll ... 58
Welchen Wert haben Online - Referenzen ... 58
Einladung zum Gespräch ... 59
Unternehmens - Informationen ... 60
Planen Sie Ihren Tag richtig ... 61
Dresscode ... 62
Dresscode Frauen ... 66
Dresscode Männer ... 67
Das nehmen Sie mit ... 69
Anreise planen ... 70
Anmeldung ... 71
Begrüßung ... 72
Augenkontakt ... 73
Lächeln ... 74
Mimik ... 75
Stimme ... 75
Nervosität ... 76

Small Talk 77

Sitzhaltung 78

Körpersprache 79

Gesichtsausdruck 81

Fragen und Antworten im Vorstellungsgespräch ... 81

Standardfragen 82

Erzählen Sie etwas von sich 83

Stärken und Schwächen 84

Weshalb sollen wir ausgerechnet Sie einstellen 85

Warum möchten Sie diesen Job 85

Was versprechen Sie sich von dieser Stelle und unserer Firma 86

Erzählen Sie uns etwas von ihrem jetzigen Job 86

Warum wollen Sie Ihren bisherigen Job wechseln . 87

Welches sind Ihre Hobbys 87

Welche Ziele möchten Sie in den nächsten fünf oder zehn Jahren erreichen 88

Welches Gehalt stellen Sie sich vor 89

Welche Rolle übernehmen Sie in einem Team 91

Was war Ihr größter Misserfolg 92

Schätzen Sie sich als Führungspersönlichkeit oder als Mitarbeiter ein 93

Was ist Ihnen in Ihrem Leben wichtig 94

Welche Vorbilder haben Sie 95
Warum haben Sie sich für diese Ausbildung/dieses Studium entschieden 95
Wie lange sind Sie schon auf Jobsuche 96
Was unterscheidet Sie von anderen Bewerbern 97
Sind Sie bereit, Überstunden zu leisten? 98
Welche Fragen haben Sie 98
Das Stress-Interview 100
Das passive Interview 102
Fragen, die Sie nicht beantworten müssen 103
Einstellungstest * Assessment Center 105
Einzel-Assessment 108
Ende Ihres Bewerbungsgespräches 108
Die Verabschiedung 109
Absage 110
Anekdoten 110
kurz & bündig 112
Beispiele 113
Tipp Ausbildungsplatz 114
Zum Schluss 115

Unternehmensform

Die grundsätzliche Überlegung sollte damit beginnen, das gewünschte Aufgabengebiet, die künftigen Karriereziele und letztlich den dafür passenden Arbeitgeber zu definieren.

Bevor Sie sich diese Gedanken machen, sollten Sie herausfinden, in welcher Unternehmensform Sie am besten aufgehoben sind.

Im Wesentlichen müssen Sie sich zwischen dem Mittelstand, Großunternehmen und öffentlichem Dienst entscheiden.

Jede Unternehmensform hat Vor- und Nachteile. Mögliche Kriterien, die Sie ansetzen können, sind individuelle Leistung, Arbeitszeiten, Personalentwicklung und Vergütung.

So steht im Mittelstand oft die individuelle Leistung im Vordergrund, während bei Großunternehmen durch die vielen Abteilungen ein gewisses Maß an Anonymität herrscht.

Sie als Person stehen im Mittelstand viel deutlicher im Blickpunkt, die Aufgabengebiete sind meist nicht so klar abgegrenzt und die oft verlangte HandsOn Mentalität wird hier gelebt.

Durch die klare Aufgabenteilung in Großunternehmen sind Sie dort meist spezialisierter in einem Fachgebiet tätig.

Berücksichtigen Sie bei der Vergütung auch die Zusatzleistungen (Prämien, Betriebsrente, Kantine etc.), die ein Großunternehmen oft bietet. Die Fort- und Weiterbildungsmöglichkeiten sind in einer großen Firma durch eine eigene Abteilung für Personalentwicklung gewährleistet. Der Mittelstand bietet hier zwischenzeitlich durch Kooperationen entsprechende Möglichkeiten.

Im öffentlichen Dienst ist der berufliche Werdegang, geprägt von Laufbahn und Dienstalter, weitgehend vorherbestimmt. Die Vergütung ist meist geringer als in der freien Wirtschaft. Dafür gibt es geregeltere Arbeitszeiten und planbare Arbeitsbelastungen.

Nach der Berücksichtigung und Schwerpunktsetzung für eine bevorzugte Unternehmensform, können Sie dies bei jeder Bewerbung abgleichen. Durch Recherche über Internet, Fachzeitschriften und Messen können Sie sich gut informieren.

Definieren Sie sich

Der wichtige Arbeitsschritt besteht für Sie darin, Ihre individuellen Stärken und Interessen festzustellen und aufzuschreiben.

Legen Sie sich eine ‚plus-minus Liste' an, auf der Sie auf der positiven Seite Ihre Ausbildung, Fertigkeiten, Neigungen und Kenntnisse aufschreiben. Die negative Seite füllen Sie mit Ihren Schwächen, bzw. den Aufgaben und Tätigkeiten, die Sie nicht gerne umsetzen.

Wenn Sie diese Liste anlegen, holen Sie sich zusätzliche Anregungen über gewünschte Anforderungen aus entsprechenden Stellenanzeigen. Gerne vergisst man seine PC-Kenntnisse (z.B.: Office; SAP, etc.), Fremdsprachen oder Soft Skills (Kommunikation; Empathie; Teamfähigkeit, etc.)

Seien Sie ehrlich zu sich selbst!

Eine Tätigkeit die Spaß macht, Erfolgserlebnisse ermöglicht und Selbstverwirklichung zulässt, muss mit den positiven Seiten Ihrer Person übereinstimmen. Ungeliebte Tätigkeiten gehören immer dazu, jedoch sollten diese nie zum Schwerpunkt werden.

Ein paar Beispiele von Fragen, die Sie für sich beantworten sollten:

- Arbeiten Sie gerne im Team oder lieber alleine?
- Wie fühlen Sie sich bei Kundenkontakt?
- Kunden am Telefon oder von Angesicht zu Angesicht?
- Computer - spannend oder notwendig?
- Kreativ oder geregelte Abläufe?
- Eigenverantwortlich oder nach Vorgabe?
- Führungsaufgabe ist spannend oder belastend?
- Fakten und Zahlen sind Herausforderung?
- ……….

Seien Sie kreativ und lesen Sie Stellenangebote unter diesem Gesichtspunkt. Schreiben Sie Ihre Antworten auf die ‚plus-minus Liste'.

Mit dieser Unterlage können Sie nun die Anforderungsprofile in den Stellenanzeigen abgleichen.

Stimmen diese größtenteils überein, prüfen Sie genau die Perspektiven, die dem zukünftigen Stelleninhaber geboten werden! Sind diese für Sie reizvoll und herausfordernd, dann sollten Sie sich bewerben.

Beachten Sie bei dem Abgleich der Anforderungen, dass hier meist die ‚eierlegende Wollmilchsau' gesucht wird. Dieses Idealbild eines Bewerbers gibt es in der Regel nicht, eine Deckungsgleichheit von über 70% ist jedoch Voraussetzung für eine erfolgversprechende Bewerbung.

<u>Diese ‚Stärken/Schwächen-Liste' oder
‚bevorzugte und ungeliebte Aufgaben-Liste'
ist ein super Arbeitsblatt.</u>

Wir nutzen diese bei der schriftlichen Bewerbung und im Bewerbergespräch noch sehr intensiv!

Stellenangebot

Orientieren Sie sich auf den verschiedenen Online-Portalen und in der Presse(Zeitung, Fachzeitschrift) über entsprechende Stellenangebote.

Besonders die Online-Portale bieten die Möglichkeit, durch entsprechende Vorauswahl die Angebote auf Ihre Anforderungen einzugrenzen.

Sie können durch Speicherung Ihre Kriterien hinterlegen und bei Übereinstimmung Ihrer Angaben dauerhaft eine entsprechende Benachrichtigung per Mail veranlassen.

<u>Die für Sie interessanten Stellenausschreibungen gleichen Sie mit Ihrer Stärken/Schwächen Liste bzw. der Definition Ihrer Person ab.</u>

Sind die Anforderungen des Unternehmens und Ihre Vorstellungen weitgehend deckungsgleich sollten Sie weiter recherchieren.

In jedem Fall prüfen Sie schon den Internetauftritt, das Portfolio, die Philosophie, die Karrieremöglichkeiten, die Historie usw. über das Unternehmen. Bilden Sie sich damit Ihre Meinung und verlassen Sie sich nicht nur auf die Aussagen im Stellenangebot.

Wenn alles passt erstellen Sie jetzt Ihre Unterlagen!

Grundsätzliches

Als Basis müssen Sie eine persönliche, individuelle Bewerbermappe erstellen.

Eine vollständige Bewerbungsmappe enthält ein Anschreiben, (-Deckblatt-), einen Lebenslauf, evtl. ein Motivationsschreiben und Zeugnisse.

Achten Sie besonders auf Sauberkeit wie Flecken oder Eselsohren.
Verwenden Sie immer neues und gutes Material, zum Beispiel hochwertiges bzw. dickeres Papier und exklusive Mappen.

Der Lebenslauf, das Motivationsschreiben und die Anlagen werden eingeheftet.

Das Anschreiben liegt lose obenauf.

Wichtig sind die richtige Adresse und der richtige Adressat = Ansprechpartner mit Vornamen und Familiennamen.

Prüfen Sie doppelt, damit alle Unterlagen vorhanden sind. Legen Sie besonderen Wert auf Rechtschreibung, Zeichensetzung und Grammatik.

In der Entstehungsphase eines Textes lesen wir einzelne Passagen immer wieder durch, fügen etwas hinzu, formulieren etwas um und verschieben einzelne Wörter, Satzteile oder ganze Sätze. Tatsächlich lesen wir einen Text nicht Wort für Wort und Buchstabe für Buchstabe. Beim Lesen nehmen wir die Wörter und Phrasen vielmehr als Bilder auf und vergleichen sie mit den in unserem Gehirn gespeicherten Bildern von (vermeintlich) richtig geschriebenen Wörtern und Phrasen. Wenn wir uns das Bild eines falsch geschriebenen Wortes in einem Text durch wiederholtes Lesen einprägen, nehmen wir dieses also nicht mehr als Fehler wahr. Bei einem fremden Text werden Fehler ohne Probleme entdeckt. Abhilfe schaffen folgende Dinge:

- o Rechtschreibprogramme
- o Ein zweites Paar Augen
- o Später noch einmal neu und langsam lesen

Ideal ist die Unterlagen einen Tag liegen zu lassen und diese konzentriert am nächsten Tag nochmal zu prüfen.

Wichtig: Keine Gehaltswünsche oder -forderungen, wenn diese nicht ausdrücklich verlangt werden!

Wenn Sie zum Gespräch eingeladen werden, haben Sie bereits einen wichtigen Schritt gemacht.
Ihre Qualifikation und Ihre Unterlagen waren sehr gut und überzeugend!

Blind-Bewerbung

Grundsätzlich ist hiervon abzuraten.

Bei blinden Bewerbungen versenden Sie Bewerbungsmappen an Firmen, die Sie interessieren ohne eine konkrete Stellenausschreibung. Sie hatten mit diesen Unternehmen daher noch keinen Kontakt und die Adresse haben Sie im Telefonbuch, aus der Fachpresse oder dem Internet ermittelt.

Selbst aufwändige Bewerberunterlagen landen in diesen Fällen vielfach nicht beachtet auf irgendwelchen Ablagestapeln und gehen letzten Endes unter.

Die Erfolgsquote beim Versand von Blindbewerbungen liegt bei 1 bis 2%.

Initiativ-Bewerbung

Bei Initiativbewerbungen liegt die Erfolgsquote immerhin bei 30 bis 40%.

Sie unternehmen den ersten Schritt im Bewerbungsprozess und reagieren nicht einfach auf eine Stellenanzeige.

Unter einer Initiativbewerbung versteht man wie bei der Blindbewerbung, eine Bewerbung ohne Bezug auf eine Stellenanzeige.

Der Unterschied besteht in der geleisteten Arbeit vor Versendung der Bewerbungsunterlagen. Initiativbewerbungen setzen die Suche nach Informationen voraus.

Wichtig ist hier in der Regel ein telefonischer Kontakt mit dem Personalverantwortlichen bzw. der Personalabteilung.

Recherchieren Sie für die Initiativbewerbung nicht nur auf der firmeneigenen Website, sondern auch in Pressemeldungen und anderen Rubriken. Blogs und Foren können ebenfalls Interessantes enthalten, sind aber stets mit der nötigen Distanz zu bewerten. Wenn Sie die Möglichkeit haben, besuchen Sie Jobmessen oder Fachmessen, auf denen sich Firmen präsentieren und Kontakte zu Jobsuchenden knüpfen.

Bevor Sie für die Initiativbewerbung den direkten telefonischen Kontakt zur Personalabteilung suchen, schreiben Sie sich in Stichpunkten auf, was Sie sagen und fragen wollen. Fassen Sie sich kurz und formulieren Sie präzise die Botschaften, die Sie vermitteln wollen.

Reagiert Ihr Gesprächspartner auf Ihre Anfrage interessiert, notieren Sie, an wen genau Sie Ihre Bewerbung richten sollen. So haben Sie in Ihrem Anschreiben einen direkten Bezug, an den Sie anknüpfen können.

Die Bewerbungsart eignet sich sowohl für kleine und mittlere Unternehmen als auch für Großunternehmen. Oft werden bei kleinen Unternehmen nicht alle Stellen ausgeschrieben, bei großen Unternehmen zeigen Sie Engagement und Initiative.

Bei der Initiativbewerbung müssen selbstverständlich auch alle Bewerbungsunterlagen, insbesondere Anschreiben und Lebenslauf, auf das Unternehmen und die Wunsch-Stelle angepasst werden.

Tipp: Die zusätzliche Möglichkeit besteht in der Initiativbewerbung bei einem Personalvermittler. Hier geht es um die Aufnahme in einen Kandidatenpool. Die entscheidende Aufgabe ist hier, die Headhunter oder die Recruiter zu finden, welche auf Ihre Branche spezialisiert sind.

Umfang einer Initiativbewerbung

Bei dem Umfang der Initiativbewerbung besteht die Wahl zwischen einer vollständigen Bewerbung oder einer Kurzbewerbung. Eine Kurzbewerbung enthält nur das Anschreiben und den abgestimmten tabellarischen Lebenslauf und eventuell ein Motivationsschreiben.

Starten Sie mit einer Kurzbewerbung. Findet das Unternehmen Ihre Bewerbung interessant, wird in der Regel die komplette Bewerbungsmappe angefordert.

Der Idealfall ist die Einladung zum Gespräch, hier müssen Sie Ihre kompletten Unterlagen dabei haben.

Headhunter * Personalvermittler

Ein Personalvermittler (engl. Recruiter), auch Headhunter, ist jemand, der passendes Personal an Arbeitgeber vermittelt. Er gleicht die Anforderungen der Unternehmen mit Ihren Qualifikationen ab.

Dieses Profiling ist eine Vorauswahl, auf die sich Headhunter spezialisiert haben, um den Unternehmen nur passende Kandidaten zu präsentieren.

Die Personalvermittler sind in der Regel auf Branchen spezialisiert. Somit haben sie einen sehr guten Überblick über den jeweiligen Markt. Diese Kontakte können auch für Sie von Nutzen sein.

Generell gibt es für Sie drei Möglichkeiten.

- Ist die Stellenanzeige durch die Personalvermittlung geschaltet, erstellen Sie Ihre Unterlagen angepasst auf die geforderten Qualifikationen. Da nicht immer das Unternehmen namentlich genannt ist, sollten Sie für Ihre Recherche entsprechend nachfragen. Meist ist eine Kontaktperson mit Telefonnummer angegeben, damit Sie offene Fragen wie diese, bereits vorab klären können.
- Der Recruiter meldet sich aktiv bei Ihnen. Dies kann durch einen Anruf oder ein Mail an Sie stattfinden. In diesem Fall hat Ihr Netzwerk gut funktioniert. Hören Sie sich das Angebot an und ‚Definieren Sie sich!' Sie können hierzu immer um Bedenkzeit bitten. Wenn Sie interessiert sind, nimmt die Bewerbung Ihren Lauf. Sollten Sie aktuell keine Wechselabsichten haben, sprechen Sie das offen an. Bitten Sie aber um den Verbleib im Kandidatenpool.
- Handelt es sich um Ihr Arbeitsgebiet, können Sie diesen Kontakt für eine Initiativ-Bewerbung nutzen. Viele Personalvermittlungen greifen bei Bedarf auf passende Bewerber aus Ihrem Netzwerk zurück. Die Kontaktaufnahme mit einem Recruiter ist damit, auch wenn die aktuelle Vakanz

nicht Ihrem Profil oder Ihren Zielen entspricht, immer wertvoll. Nutzen Sie diese Chance!

Im Gespräch mit einem Headhunter sollten Sie ganz offen über Ihre Vorstellungen und Ziele, auch bezüglich Ihres Gehaltes sprechen. Der Headhunter kennt die Rahmenbedingungen in der Branche genau und kann Ihnen die möglichen Entwicklungsmöglichkeiten in Bezug auf Verantwortung, Karriere und Gehalt aufzeigen.

In jedem Fall haben Sie durch den Kontakt zu einem Personalvermittler die Möglichkeit, vorab konkrete Informationen zu erhalten. Im ersten Schritt vielleicht nicht immer, wenn Sie in der engeren Wahl sind jedoch ganz sicher.

Online Bewerbung

Die klassische Bewerbungsmappe aus Papier stirbt langsam aus. „Bewerbung bitte per Mail." Dieser Hinweis findet sich immer häufiger unter Stellenausschreibungen quer durch alle Branchen.

Nach einer aktuellen Studie der Universitäten Bamberg und Frankfurt in Zusammenarbeit mit dem Karriere-Portal Monster.de erhalten die 1000 größten Unternehmen im deutschsprachigen Raum nur noch knapp 24 % ihrer Bewerbungen auf Papier. 41 % kommen per Mail, die restlichen 35 % gehen über Online-

Formulare ein, die die Firmen auf ihren Websites bereitstellen.

Viele Unternehmen akzeptieren überhaupt keine Bewerbungsmappen aus Papier mehr. Einige haben eigene Bewerbungsportale auf ihren Firmenhomepages eingerichtet. Dort können Bewerber online Formulare ausfüllen und Unterlagen wie Lebenslauf oder Zeugnisse hochladen.

Wenn eine Online-Bewerbung gewünscht wird sind folgende Dinge besonders zu beachten:

Dateigröße, Format, Signatur

Wir wollen aber das Thema der Reihe nach behandeln.

<u>Anschreiben</u>

Inhaltlich ändert sich Online an einer Bewerbung nichts: Das Anschreiben sollte konkret auf die ausgeschriebene Stelle und das Unternehmen eingehen!

In der Frage, ob das Anschreiben in der Mail selbst stehen oder im Anhang mitgeschickt werden sollte, gehen die Meinungen der Fachleute auseinander. Was beim Empfänger besser ankommt, hängt von seiner Lesegewohnheit ab – und ist letztlich Geschmackssache. Ich rate Ihnen, das Anschreiben im Anhang mitzuschicken. Ein kurzes Mail mit dem Hinweis auf den Anhang genügt.

Deckblatt

Ein Deckblatt ist grundsätzlich nicht nötig. In der Bewerbungsmappe wird es oft für das Layout zusätzlich angefertigt. Bei online Bewerbungen ist es meist überflüssig.

Lebenslauf und Foto

Der Lebenslauf sollte im Anschluss an das Anschreiben folgen.

Ob ein Foto erwünscht ist oder nicht, geht aus der Stellenausschreibung hervor. Viele Unternehmen wollen mittlerweile gar kein Foto mehr. Es macht keinen Unterschied in der Bewertung Ihrer Bewerbung, ob sie ein Foto mitschicken oder nicht.

Wenn es keine direkte Vorgabe vom Unternehmen gibt ist zu überlegen, ob das Aussehen bei dem Job eine Rolle spielen könnte. Ist die Arbeit kundennah? Dann macht es schon Sinn, ein Foto mitzuschicken. Es gehört – wie bei Papierbewerbungen auch – oben rechts in den Lebenslauf.

Unterschrift

Eine eingescannte Unterschrift ist kein Muss. Wer seine Unterschrift aber als Scan parat hat, kann sie unter Anschreiben und Lebenslauf kopieren. Sieht der Schriftzug jedoch gepixelt aus, sollten Sie ihn lieber weglassen.

Rechtschreibfehler

Ob in Papier- oder elektronischer Form, die Bewerbung muss fehlerfrei sein.

Eine fehlerfreie Bewerbung ist eine Selbstverständlichkeit. Jeder Fehler gibt dicke Minuspunkte. Der wichtige Schritt muss deshalb auch bei Online-Bewerbungen sein, den Text auszudrucken und selbst nach Fehlern zu suchen.

Absender

Es macht keinen guten Eindruck wenn Ihre Email-Adresse z.B. shoppingqueen@hotmail.com lautet. Die Lacher der Personalabteilung haben Sie zwar auf Ihrer Seite, für das Praktikum in der Unternehmensberatung kommen Sie allerdings nicht infrage. Ebenso fragwürdig sind Fantasienamen der Sorte spatzl@googlemail.de oder sonnenschein@web.de. Eine seriöse Email-Adresse sollte sein. Mit einer Adresse, die schlicht aus Vor- und Nachnamen besteht, kann man nichts falsch machen.

Empfänger

Die nächste Hürde besteht oft darin, die Bewerbung an die richtige Person im Unternehmen zu schicken. Klingt einfach, ist in größeren Unternehmen aber tatsächlich kompliziert. Wenn in der Stellenausschreibung keine Email-Adresse genannt ist oder es sich um eine Initiativbewerbung handelt, sollten Sie vorher im Unternehmen anrufen und fragen, wem Sie Ihre Bewerbung zukommen lassen können.

Betreff

Vor allem in großen Firmen sind oft mehrere Leute für Bewerber zuständig. Ratsam ist es daher, in den Betreff der Mail zu schreiben, für was man sich konkret bewirbt; also etwa „Bewerbung als Vertriebssachbearbeiter" oder „Initiativbewerbung für ein Praktikum in der Personalentwicklung". So kann derjenige, der die Bewerbungsmail auf den (virtuellen) Schreibtisch bekommt, die Mail ohne großen Aufwand an die richtige Person im Unternehmen weiterleiten.

Signatur

Sie sollten auch in der Mail Ihre Kontaktdaten angeben – mit einer Signatur die unten in der Mail erscheint. So kann man Sie kontaktieren, z.B. um den Eingang Ihrer Bewerbung zu bestätigen, ohne erst in angehängten Dokumenten nach einer Mailadresse oder Telefonnummer suchen zu müssen. In den meisten Mailprogrammen lässt sich eine Signatur einrichten, die dann automatisch unter jeder Mail steht.

Layout

Auf einem anderen Computer können Formatierung und Layout komplett durcheinander sein – etwa, weil der Adressat ein anderes Betriebssystem oder eine andere Version des Schreibprogramms verwendet.

Die Absätze haben dann unterschiedliche Größen oder die Aufzählungspunkte sind über die Seite verstreut.

Abhilfe schafft das standardisierte pdf-Format des Acrobat Reader. Wandeln Sie Ihre Dokumente immer in das pdf-Format um, dieses Programm lässt sich mittlerweile kostenlos im Internet downloaden.

Ins pdf-Format umgewandelte Dokumente bleiben wie sie sind, egal auf welchem Computer sie geöffnet werden.

<u>Anhang</u>

Es ist ärgerlich, wenn sie zehn Dateien einzeln öffnen müssen, um eine Bewerbung lesen zu können.

Um es dem Personaler einfach zu machen, gehören alle Unterlagen und Zeugnisse in einem Dokument zusammengefasst – und zwar entsprechend der Reihenfolge im Lebenslauf, chronologisch sortiert.

Die Trennung in
Erstens: Anschreiben, Lebenslauf und evtl. Motivationsschreiben und
Zweitens: Zeugnisse/Zertifikate sind bei korrekter Beschriftung möglich.

Die Datei sollte unbedingt nach Ihrem Namen benannt sein. (Anna_Mustermann_Bewerbungsunterlagen.pdf)

Damit kann Ihr Wunsch-Arbeitgeber die Datei einfach bearbeiten, weiterreichen oder abspeichern.

Dateigröße

Als Obergrenze nennen Unternehmen häufig eine Größe zwischen drei und fünf Megabyte – für alle Dokumente zusammen.

Eine zu große Datei kann leicht im Spam-Ordner des Adressaten landen oder kommt gar nicht erst an. Diese zulässige Dateigröße dient der Sicherheit der Mailkonten, die Firewall hilft, damit diese nicht zugemüllt werden können.

Sie können diese Grenze leicht einhalten, wenn Sie beim Scannen Ihrer Zeugnisse die Auflösung(dpi) entsprechend vermindern. Prüfen Sie die Datei auf ihre Größe. Denken Sie daran alles zu addieren, da die Gesamtgröße die vorgegebenen MB nicht überschreiten darf. In der Regel ist jede Datei mit ihrer Größenangabe abgespeichert.

- Kilobyte = kb; Megabyte = MB; 1000 kb = 1 MB -

Test-Email

Wenn Sie auf Nummer sicher gehen wollen, dass Anhänge nicht zu groß geraten und das Layout beim Versenden erhalten bleibt, sollten sie sich die Mail mit allen Dokumenten testweise einmal selbst zuschicken – natürlich an eine andere Email-Adresse.

Mappen

Verwenden Sie immer neues Material.

Seien Sie individuell, vermeiden Sie aber, um jeden Preis auffallen zu wollen. Ihre Bewerbungsmappe muss immer seriös wirken.

Verwenden Sie exklusive Mappen, besonders wenn Sie sich für eine höhere Position bewerben.

Im Fachhandel erhalten Sie 2, 3 oder 4 teilige Spezialmappen in verschiedenen Farben. Welche Sie verwenden ist Geschmackssache.

Versenden Sie Ihre Mappe in einem Umschlag, in dem sie auch heil ankommt, zum Beispiel in einem Briefumschlag mit Pappboden.

Online-Formulare

Viele Unternehmen haben ihren Online-Bewerbungsprozess standardisiert.

Vor allem größere Unternehmen geben oft Textfelder auf ihrer Homepage vor, die der Bewerber ausfüllen muss. In einigen Portalen ist beispielsweise ein spezielles Feld für das Anschreiben programmiert. Die restlichen Unterlagen lädt der Bewerber anschließend hoch.

Viele Unternehmen sind auch dazu übergegangen, Antworten vorzugeben. Das macht z. B. bei der Abfrage von Sprachkenntnissen Sinn. Sie klicken dann das Zutreffende nur noch an.

Oft gibt es unter diesem Auswahlteil noch ein freies Feld, über das der Bewerber dem Unternehmen noch etwaige Zusatzqualifikationen oder interessante Hobbys mitteilen kann.

Wenn Ihnen nichts einfällt, sollte man ein solches Feld lieber freilassen, dies ist kein Nachteil.

Anschreiben

Das Anschreiben sollte nicht länger als eine Seite sein.

Wählen Sie als Schrifttyp etwas klar Leserliches wie Arial oder Calibri.

Nennen Sie im Betreff die Stellenanzeige, auf die Sie sich bewerben.

Sprechen Sie den genannten Ansprechpartner persönlich an. ‚Sehr geehrte Damen und Herren', nur in dem Fall, wenn kein Name genannt ist.

Achten Sie darauf, dass Ihr Text auf die Stellenanzeige abgestimmt ist. Formulieren Sie in kurzen, prägnanten Sätzen und in korrekter Grammatik.

Das Anschreiben muss immer individuell für die jeweilige Stelle geschrieben werden. Alles Vorgefertigte fällt einem geübten Personaler sofort auf!

Das klingt selbstverständlich; trotzdem passiert es immer wieder, denn viele Personalverantwortliche ärgern sich über Standard-Anschreiben, die vermuten lassen, dass der Bewerber denselben Text noch an ein Dutzend weitere Unternehmen geschickt hat.

Seit Bewerbungen sich mit einem Klick vervielfältigen lassen, hätten solche „Streubewerbungen" noch zugenommen, sagen die Personalverantwortlichen.

Natürlich können Sie bewährte Sätze individuell anpassen, oder auch erprobte Formulierungen entsprechend einfügen.

Das Anschreiben sollte klar gegliedert sein.

Beginnen Sie mit einem kurzen Einstieg, in dem Sie erklären wie Sie auf das Unternehmen aufmerksam wurden bzw. Ihren persönlichen Bezug zur Firma darstellen.

Erzählen Sie im Anschluss, was Sie gerade machen (aktuelle Position, Aufgaben).

Beschreiben Sie, wenn vorhanden, Ihre beruflichen Erfahrungen(auch aus einem Praktikum).

Im vorletzten Teil sollten Sie auf alle Kenntnisse hinweisen mit denen Sie punkten können (EDV- und Sprachkenntnisse nicht vergessen).

Nennen Sie am Schluss Ihren Eintrittstermin und - nur falls explizit danach gefragt wurde - Ihre Gehaltsvorstellungen.

Ihr fertiges Anschreiben überprüfen Sie und auch eine möglichst neutrale Person.

Tipps, mit denen Sie bei Ihrem schriftlichen Anschreiben punkten können

- o Wecken Sie das Interesse des Lesers, indem Sie ihm direkt sagen, was Sie wollen (nicht "wünschen ") und was Sie bieten.
- o Nennen Sie gleich zu Beginn Ihres Anschreibens die wichtigsten Fakten: Ihre aktuelle Position, Ihre Qualifikation und vor allem die praktische Erfahrung, die Sie dazu veranlasst, nach einer neuen Herausforderung in dieser Firma zu suchen. In die Details gehen Sie im Lebenslauf.
- o Nennen Sie die Schwerpunkte Ihrer Ausbildung und/oder Ihrer bisherigen beruflichen Tätigkeit. Leere Phrasen sind hier unerwünscht.
- o Was motiviert Sie!
- o Warum genau wollen Sie zu diesem Unternehmen!
- o Warum sind Sie der/die Richtige?
- o Ein Bewerbungsanschreiben sollte nie länger als eine Seite sein. Wer auf den Punkt kommt, hat schon halb gewonnen. Zur

Klärung von Detailfragen gibt es beim Vorstellungsgespräch noch genügend Gelegenheit.
- Lassen Sie überflüssige Schmeicheleien wie "Ihre Firma ist mir als die beste der Branche bekannt" oder "Ich würde mich freuen, wenn Sie mir ein wenig Ihrer geschätzten Zeit schenken würden". Dieser Stil ist von vorgestern und heute nicht mehr angebracht.

Verwenden Sie die Rechtschreibprüfung Ihres Schreibprogramms, lassen Sie eine andere Person Korrektur lesen. Am besten lesen Sie alles konzentriert und langsam am nächsten Tag Korrektur.(siehe Grundsätzliches)

Ohne diese Schlagworte

Wer eine neue Stelle sucht, möchte sich seinem potentiellen neuen Arbeitgeber natürlich im besten Licht präsentieren.

Nicht immer sind die Attribute, die Sie für sich wählen, genau die, die Personaler hören wollen. Folgende Begriffe werden inzwischen so inflationär gebraucht, dass sie jede Aussagekraft verloren haben.

Problemlöser Allein eine Worthülse ohne konkreten Bezug

Ergebnisorientiert	Besser nur für die Fachgespräche unter Fußballfans
Mehrwert	Natürlich sollen Sie Ihre Vorzüge anpreisen - und sich aus der Masse abheben. Trotzdem tabu!
Erfolgsbilanz	Bisherige Erfolge sollen durchaus hervorgehoben werden - jedoch nicht mit dem Wort "Erfolgsbilanz".
Proaktiv	Immer der Erste, der springt! Wer allerdings in der Bewerbung schon hervorhebt, wie "proaktiv" er sei, klingt wenig glaubhaft!
Motiviert	Wer sich damit beschreibt, hebt meist im nächsten Atemzug hervor, welche umfangreichen Erfahrungen er hat!
umfangreiche Erfahrungen	Sie profitieren von den Erfahrungen in Ihrem bisherigen Berufsleben, keine Frage. Trotzdem ein sinnentleertes Schlagwort.
Teamplayer	Ebenfalls zu abgenutzt um damit Punkte zu sammeln.
Dynamisch	= lebendig, beweglich????
Innovativ	Von der Masse abheben ist gut, aber Sie sind damit nicht alleine.

Lösung: Nennen Sie konkrete Beispiele für die eigenen Leistungen .

Deckblatt

Es gibt entsprechende Vorlagen und Designs für das Anschreiben, den Lebenslauf und auch ein Deckblatt.

Wie immer ist es Geschmackssache. Nötig ist das Deckblatt nicht.

Wenn Sie ein Deckblatt anfertigen, sollte es Ihre Kontaktdaten und die Aufstellung der Anlagen beinhalten. Je nach Design wird oft auch Ihr Bild entsprechend eingefügt bzw. aufgeklebt.

Die Kontaktdaten und Ihr Bild kommen ansonsten auf Ihren Lebenslauf.

Lebenslauf

Im Lebenslauf kommt es vor allem darauf an, die Qualifikation für eine Stelle zu belegen.

<u>Er sollte für jede Bewerbung individuell angefertigt werden und auf das jeweilige Unternehmen abgestimmt sein.</u>

Daran denken viele Bewerber nicht. Es bringt nichts, wahllos alle Praktika oder Stellen aufzuzählen. Wichtig ist vor allem die Berufserfahrung, die für die jeweilige Stelle relevant ist. In dieser Hinsicht muss ein roter Faden erkennbar sein und der Lebenslauf muss sich fließend lesen.

Vermeiden Sie zu wenige konkrete Angaben über die bisherigen Tätigkeiten.

Der Lebenslauf listet alle beruflichen Stationen auf. Es hat sich – unabhängig von der Übermittlungsform – auch in Deutschland eingebürgert, dabei mit der letzten Station anzufangen und den Werdegang danach in umgekehrter chronologischer Reihenfolge aufzulisten: Der letzte Arbeitgeber ist interessanter als der Name der Grundschule.

Ein Lebenslauf soll wichtige Stationen in Ihrem bisherigen Leben wiedergeben, damit sich der Personalchef ein Bild von Ihren Qualifikationen und Erfahrungen machen kann.

<u>Dazu gehören natürlich berufliche Tätigkeiten. Fangen Sie mit der aktuellen Stelle an. Fügen Sie in **Stichpunkten die Schwerpunkte** Ihrer Tätigkeit und besondere Erfolge hinzu.</u>

Genau die Auswahl der Schwerpunkte müssen Sie auf die neue Tätigkeit bezogen heraussuchen. Wenn zum Beispiel besondere Sprachkenntnisse gefordert werden, sollten Sie die bisherige Betreuung dieses Landes oder die Korrespondenz in dieser Sprache hervorheben. Sind administrative Fähigkeiten verlangt, stellen Sie diese in Ihren bisherigen Aufgaben heraus.

Belege für angeführte Tätigkeiten

Alle Angaben über berufliche Tätigkeiten sollten Sie durch Arbeitszeugnisse oder -bestätigungen belegen können. Das bedeutet nicht, dass Sie diese alle der Bewerbung beilegen sollen. Nur die wichtigen Nachweise für den angestrebten Beruf. Alle anderen kann man auflisten und für Nachfragen beim Vorstellungsgespräch dabeihaben. Hier gilt „Qualität statt Quantität". Beispiel hier: Zertifikate über die Teilnahme an Fortbildungsmaßnahmen, müssen Sie ihrer Bewerbung nicht beilegen. Selbstverständlich listen Sie diese im Lebenslauf auf.

Zwischenzeugnis

Ein Zwischenzeugnis des aktuellen Arbeitgebers ist nicht erforderlich und wird auch nicht erwartet, da dieser Verdacht schöpfen könnte, dass Sie wechseln wollen. Ein Zwischenzeugnis bei Ihrem aktuellen Arbeitgeber sollten Sie nur bei einem Wechsel der Führungskraft oder der Abteilung verlangen. Dies ist durchaus üblich, vor allem ohne Hintergedanken!

Offen mit Lücken im Lebenslauf umgehen

Das wichtigste Kriterium für einen gelungenen Lebenslauf ist seine Lückenlosigkeit. Freiräume von ein bis zwei Monaten kann man ganz leicht als Stellensuche oder Bewerbungszeit deklarieren. Bitte darauf achten, aktiv zu formulieren und nicht einfach „Arbeitslosigkeit" anzuführen. Leerzeiten, die drei

Monate überschreiten, müssen begründet werden. Dazu zählt ein Erziehungsjahr ebenso wie ein längerer Aufenthalt im Ausland. Der bringt außerdem positive Aspekte mit sich, weil Sie dadurch ja Ihre Sprachkenntnisse verbessert haben. Zeitliche Lücken dürfen nicht verschwiegen oder durch Erfindungen gefüllt werden.

Vorsicht bei Hobbys

Überlegen Sie sich, welches Bild durch die Angabe des Hobbys von Ihnen entsteht und wie dieses zu Ihrer Bewerbung um den Arbeitsplatz passt. Man sollte sie nur angeben, wenn sie dem Beruf dienlich sind oder ein Ehrenamt implizieren.

Sprachkenntnisse realistisch einschätzen

Bei Sprachkenntnissen sollte der Grad der Kenntnisse genannt werden. Dabei sind bei Fremdsprachen folgende Abstufungen üblich: Muttersprache, fließend in Wort und Schrift, Grundkenntnisse. Wer auf Spanisch gerade mal die Rechnung ordern kann, sollte auf die Angabe von Spanischkenntnissen besser verzichten.

Aktuelles Bewerbungsfoto

Das Bewerbungsfoto ist inzwischen zu einem „Kann" geworden. Trotzdem empfehle ich Ihnen nicht darauf zu verzichten, da es einen ersten persönlichen Eindruck vermittelt.

Das Bild sollte nicht älter als ein Jahr sein und von einem Profi im Fotostudio angefertigt werden. Es wird rechts oben auf den Lebenslauf aufgeklebt.

Verzichten Sie auf ein Passbild, dieses ist nach biometrischen Anforderungen erstellt und damit nicht immer vorteilhaft.

Urlaubsfotos oder Automatenaufnahmen sind tabu. Ausbildungsplatzsucher dürfen ihr Foto auch einscannen, alle anderen sollten einen hochwertigen Abzug einkleben.

Tipp für Frauen

Die Lücke im Lebenslauf durch eine Schwangerschaft und die darauf folgende Elternzeit, stellen Sie selbstbewusst als eine Familienphase heraus. Bezeichnen Sie sich nicht einfach nur als „Hausfrau und Mutter", sondern beschreiben Sie, was Sie in dieser Zeit gelernt haben wie z. B. Durchsetzungsvermögen und Zeitmanagement. Aushilfsarbeiten beim ehemaligen Arbeitgeber in dieser Zeit, sollten mit Stundenzahl angeführt werden.

Zusammenfassung Lebenslauf:

- Der Lebenslauf ist Ihre wichtigste Visitenkarte.
- Steht nach dem Anschreiben und wird tabellarisch verfasst.
- Er sollte maximal zwei Seiten lang sein.

- Layouten Sie Ihren Lebenslauf ansprechend. Benutzen Sie bestimmte Gestaltungselemente, die sich von Seite zu Seite wiederholen.

- Führen Sie Ihre Tätigkeiten chronologisch auf und beginnen Sie mit der letzten.

- Links stehen die Zeitangaben, auf den Monat genau und einheitlich (Monat/Jahr).

- Gliedern Sie alles in Blöcke mit diesen Inhalten: Berufspraxis, Ausbildung, Schulbildung, Kenntnisse, Interessen und eventuell Hobbys.

- Wenn Sie "Berufspraxis" haben führen Sie auf, welche Position Sie in welcher Abteilung, bei welcher Firma innehatten.

- Erklären Sie Ihre <u>Aufgaben und Tätigkeiten</u> mit Stichworten! Wenn möglich <u>abgestimmt</u> auf die Anforderungen der neuen Stelle!

- Erwähnen Sie auf jeden Fall durchgeführte, erfolgreiche <u>Weiterbildungen</u>.

- Erklären Sie eventuelle Lücken in Ihrem Lebenslauf. Begründen Sie diese mit Umschulung, Erwerb von Sprachkenntnissen oder Arbeitslosigkeit.

- Auch die Sprachkenntnisse sollten genau definiert werden: Grundkenntnisse oder fließend(verhandlungssicher)?

- Datum und Unterschrift gehören auf Ihren Lebenslauf.

- Vergessen Sie nicht, Ihre Telefonnummer und E-Mail-Adresse anzugeben, unter der Sie erreichbar sind.

- Ein Foto ist nicht zwingend notwendig, aber empfehlenswert. Es kommt rechts oben in die Ecke auf der ersten Seite. Es sollte unbedingt ein professionelles Porträt sein.

Aktuelle Tätigkeit ganz oben

Die aktuelle Tätigkeit sollte ganz oben stehen. So kann die Personalabteilung leicht erkennen, was ein Bewerber gerade macht.

- Zu jeder Tätigkeit sollte der Firmenname und der Arbeitsort genannt werden - und drei bis fünf Hauptaufgaben aufgezählt werden. Wenn jemand nur schreibt, er war als Sachbearbeiter tätig, dann kann das alles oder nichts bedeuten. Darum sollte schon mehr dabeistehen.

- Es ist keine Schande, eine Zeitlang arbeitssuchend gewesen zu sein - das sollte auch so geschrieben werden.

Motivationsschreiben

Das Motivationsschreiben ist ein relativ neues Selbstpräsentations-Element im Bewerbungsverfahren.

Es ist als "Dritte Seite" nach Anschreiben und Lebenslauf Teil der Bewerbungsunterlagen. Das Motivationsschreiben gibt Ihnen die Chance, Ihr Anschreiben zu ergänzen und besondere Aufmerksamkeit auf Highlights in Ihrem Lebenslauf zu lenken oder Ihre ganz besondere Motivation für genau die angestrebte Aufgabe zu erläutern.

<u>Warum soll ein Motivationsschreiben in Ihre Bewerbung?</u>

Das Motivationsschreiben hilft Ihrer Bewerbung, sich von denen Ihrer Mitbewerber abzuheben. Mit ihr haben Sie die Chance, sich und Ihren Leistungswillen, Ihre Ziele und Motive noch einmal genauer und ausführlicher vorzustellen.

Da dieser Teil Ihrer Bewerbung keinen Formkonventionen unterliegt, haben Sie entsprechenden Gestaltungsspielraum.

Nutzen Sie die Chance, entscheidende Aufmerksamkeit auf sich und Ihre Qualifikationen zu lenken und so die begehrte Einladung zum Vorstellungsgespräch zu bekommen.

- Gerade weil Anschreiben und Lebensläufe in der Regel so sehr geordnet sind, unterscheiden sie sich kaum von denen der Mitbewerber. Der Personalbeauftragte prüft nur noch nach Stichworten, daher bietet die Dritte Seite, das Motivationsschreiben, Raum für individuelle Argumente.

- Bei großen Unternehmen gehen auf eine ausgeschriebene Stelle oft Hunderte Bewerbungen ein. Da kommt es vor, dass Personalchefs die Anschreiben nur flüchtig überfliegen und sich gleich den Fakten – dem Lebenslauf – zuwenden. Doch hier können Sie nur in Stichworten Ihre Qualifikation und Erfahrungen auflisten.

Deshalb gibt es die Möglichkeit, seine Motivation oder das berufliche Können ausführlicher auf einer Zusatzseite zu beschreiben. Es wurde in den 90er-Jahren populär und ist für viele Bewerber mittlerweile zu einer unverzichtbaren Seite geworden.

- Bewerber für eine Ausbildung können auf der Extraseite schildern, welche Erfahrungen ihnen gezeigt haben, dass der Ausbildungsberuf der Richtige ist. Dabei können sie von Erkenntnissen außerhalb der Schule berichten, etwa von Gesprächen mit Menschen vom Fach oder von Praktika.

- Führungskräfte können die Möglichkeiten nutzen, auf dem Zusatzblatt ihre Tätigkeiten zu umreißen. Dabei geht es um die Punkte: Verantwortungsbereiche, Kernaufgaben und Projekte (zwei bis drei, die besonders erfolgreich waren). In den Lebenslauf können Sie dies aus Platzgründen nicht hineinpacken.
- Menschen mit einem Zickzack-Lebenslauf hilft die Seite, einen roten Faden in das Durcheinander zu bringen.
- Ihre Motivationen
- Warum Sie sich bewerben
- Was Sie noch über mich wissen sollten
- Motivation für angestrebte Aufgaben
- Identifikation mit dem zukünftigen Unternehmen
- besonderen fachliche Kenntnisse und Fähigkeiten
- persönlichen Stärken und sozialen Kompetenzen
- Warum sind Sie der/die richtige für die Stelle?
- Wieso sehen Sie Ihre Zukunft in der Position?
- Was bringen Sie mit, um Erfolg zu haben?
- Warum haben Sie keine Zweifel?

- Weshalb haben Sie Potential?

Formulieren Sie kurze aber prägnante Aussagen über die eigene Person, Motivation und Kompetenz!

Datum und handschriftliche Unterschrift nicht vergessen.

Anlagen

Zu den Anlagen gehören Arbeitszeugnisse und Zwischenzeugnisse, das Abschlusszeugnis der Uni, der Schule oder der Berufsausbildung.

Bescheinigungen über Zusatzqualifikationen wie etwa Sprachkenntnisse, Weiterbildungen und eventuell Arbeitsproben.

Fertigen Sie ordentliche Kopien an. Schwarz-weiß Kopien auf wertigem Papier sind in Ordnung, besser sind Farb-Kopien, bei entsprechenden bunten Firmenlogos.

Beglaubigungen sind nicht nötig.

Ordnen Sie Ihre Anlagen so an, wie sie im Lebenslauf genannt werden. Wenn Sie im Lebenslauf, wie empfohlen mit dem Aktuellsten anfangen, liegt auch das aktuellste Zeugnis oben.

Die letzten und für den Nachweis Ihrer Qualifikation wichtigen Zeugnisse und Zertifikate, sollten lückenlos beiliegen.

Alle Angaben über berufliche Tätigkeiten sollten Sie durch Arbeitszeugnisse oder -bestätigungen belegen können. Das bedeutet nicht, dass Sie diese alle der Bewerbung beilegen sollen. Nur die für den angestrebten Beruf sind wichtig. Alle anderen kann man auflisten und für Nachfragen beim Vorstellungsgespräch dabeihaben. Hier gilt „Qualität statt Quantität".

Sollte ein Zeugnis nicht so gut ausgefallen sein, können Sie in zwei Sätzen erklären warum nicht. Legen Sie sich zum Vorstellungsgespräch eine Antwort zurecht, die Frage kommt sicher.

Dies ist auch keine Seltenheit - ein kleines mittelständisches Unternehmen meint es gut; der Chef selbst schreibt und dokumentiert in Unkenntnis der Wortwahl ein nicht ideales Zeugnis.

Lügen ist erlaubt oder

Generell sollte man ein neues Arbeits-/Angestellten-Verhältnis nicht auf einer unwahren Aussage aufbauen!

Definition Lüge = Täuschung, die bewusst irreführend und beim Adressaten eine Fehlvorstellung über tatsächliche Umstände hervorruft. Das Ergebnis wäre hier ein Anfechtung – und Kündigungsgrund!

Allerdings ist es erlaubt bei Fragen die den möglichen Arbeitgeber nichts angehen, ausweichend zu Antworten.

Normalerweise sollten diese Fragen gar nicht gestellt werden dürfen, die Praxis zeigt leider ein anderes Bild. Daher sollten Sie sich eine entsprechende Antwort zurechtlegen.

- o Parteizugehörigkeit
- o Heiratsabsicht
- o Kinderwunsch
- o Öffentliches - oder Ehrenamt
- o Mitglied im Verein/Verband
- o Religionszugehörigkeit
- o Vorstrafen
- o Schwangerschaft
- o Gewerkschaftszugehörigkeit
- o Vermögensverhältnisse

Bedenken Sie aber, dass für bestimmte Positionen nach solchen Tatsachen gefragt werden darf.

Zum Beispiel:
- o Busfahrer (Gesundheit)
- o Arzt (Gesundheit)
- o Lebensmittelverarbeitung (Gesundheit)

- Bankangestellter (Vermögensverhältnisse, Vorstrafen)
- Kirchliches Unternehmen (Religionszugehörigkeit)
- Verkauf/ Lager (Schwangerschaft)

Verschönern - manchmal

Verklären oder weglassen darf man alles, was für die Begründung des Arbeitsverhältnisses nicht entscheidend ist.

- Auslandsaufenthalt = Sprache gelernt?
- Freiwillige Feuerwehr = Zeitbedarf?
- Sportverein = Zeiteinsatz?
- gefährliches Hobby = Krankentage?
- Parteizugehörigkeit = Zeiteinsatz?

Vorsicht!

Alle Angaben im Lebenslauf haben Einfluss auf die Stelle.

Wer als Hobby z.B. Motorradrennen fährt oder etwas anderes Risikoreiches, sollte sich diese Angabe im Lebenslauf überlegen.

Bewerbung ohne Arbeitszeugnisse

Wie bewirbt man sich mit fehlenden Arbeitszeugnissen? So überzeugt man Personaler!

Nur Deutschland misst Zeugnissen diese Bedeutung bei - was bereits dazu führt, dass jeder, der mal für ein nichtdeutsches Unternehmen im Ausland gearbeitet hat, kein Zeugnis nach hiesigem Standard vorweisen kann. Andere Länder legen mehr Wert auf Referenzen. Diese können Sie natürlich ebenfalls angeben.

Auch derjenige, der 15 Jahre für ein Unternehmen gearbeitet hat, kann möglicherweise kein Zeugnis vorlegen.

Es ist vorteilhaft, sich ein Zwischenzeugnis ausstellen zu lassen bei Chefwechsel oder Übernahme einer neuen internen Tätigkeit. Aber die Gelegenheit bietet sich nicht immer.

Wer ein Zwischenzeugnis erbittet, dem kann mangelnde Loyalität nachgesagt werden. Im Extremfall wird der Mitarbeiter bei Beförderungen nicht mehr berücksichtigt.

- Aus dem Angestelltenverhältnis liegen Ihnen möglicherweise interne Bewertungen - Leistungsbeurteilungs- oder Zielvereinbarungsgespräche - vor. Sollte das nicht der Fall sein, wird erwartet, dass Sie nicht nur einen Lebenslauf vorlegen, sondern konkret über Leistungen, Erfolge und Ergebnisse berichten können. Schreiben Sie das gerne auch auf eine eigene Seite.

- Die Bedeutung von Zeugnissen soll nicht überbewertet werden. Die meisten Personalleiter und Headhunter sehen diese Dokumente als "flankierende" Information an. Sprich: Wenn die Bewerbung überzeugt, wird überprüft, ob die Zeugnisse diesen Eindruck bestätigen. Wenn der Lebenslauf nicht anspricht, wird auch ein Zeugnis keinen Sinneswandel herbeiführen. Es ist auch nicht dramatisch, wenn - zwischen vielen guten Zeugnissen - ein Zeugnis möglicherweise eine geringere Qualität vorweist. Vielleicht hat einfach die Chemie in diesem Unternehmen nicht gestimmt.

Auch die Freiberuflichkeit kann eine Ursache für ein nicht vorhandenes Zeugnis sein.

Für Selbstständige können die Erfolge mit Wachstum, Umsatzsteigerungen oder Kundenakquisitionen belegt werden. Schließlich haben Sie Jahre von Ihrer

Freiberuflichkeit gelebt. Natürlich können Sie über die Abwicklung von Projekten und Aufträge von Mandaten berichten und in dieser Weise von Ihrer Arbeitsqualität überzeugen.

Mit bester Empfehlung

Eine Referenz in der Bewerbung soll dem neuen Chef einen umfassenderen Eindruck vom Bewerber ermöglichen.
Doch wer lohnt sich als Fürsprecher? Und was ist bei der Referenzangabe zu beachten?

Lebenslauf und Arbeitszeugnis sind die Herzstücke jeder Bewerbung, doch zunehmend legen Personalchefs Wert auf Referenzen.

Eine Möglichkeit ist, den Unterlagen direkt ein persönliches Empfehlungsschreiben beizulegen, eine andere besteht in der Angabe von Kontaktdaten eines Referenzgebers.

Im angelsächsischen Raum ist insbesondere Letzteres seit Langem üblich, aber auch in Deutschland nutzen immer mehr Bewerber diese Option.

Welchen Sinn hat eine Referenz?

- o Ein Zeugnis bewertet hauptsächlich die fachliche Eignung, eine Referenz hingegen bietet dem potenziellen neuen Arbeitgeber die

Möglichkeit, einen persönlichen Eindruck vom Bewerber zu bekommen.

- Und auch wenn der neue Arbeitgeber oder Personalverantwortliche keine Zeit für ein solches Telefonat hat, kann allein die Angabe einer Kontaktperson positiv wirken.

- Die Referenz ist ein Zeichen großer Offenheit, denn der Bewerber macht deutlich: „Ich habe nichts zu verbergen."

Wer sollte eine Referenz angeben

Empfehlenswert ist eine Referenz für Selbständige und Zeitarbeiter. Ohne festen Arbeitgeber gibt es auch kein Arbeitszeugnis. Externe Firmen und Auftraggeber dürfen zwar kein Zeugnis ausstellen, können sich aber als Referenzgeber zur Verfügung stellen.

Wenn Sie Ihre bisherigen Arbeitgeber in Betracht ziehen, bedenken Sie folgendes:

- Wenn Sie im Guten gegangen sind, ist sie zu empfehlen. Hat man sich aber im Unfrieden getrennt, sollte man diese Referenz auf keinen Fall angeben.

- Haben Sie selbst gekündigt, können Sie einen Ansprechpartner in der vorherigen Arbeitsstelle nennen - vorausgesetzt, die Firma bedauert den Abschied und es ist positives Feedback zu erwarten.

Wer ist als Referenzgeber geeignet

Grundsätzlich sollte die Referenzperson in einer höheren beruflichen Position sein, ideal ist der Vorgesetzte.

Wichtig ist in jedem Fall, dass derjenige Sie aus der direkten Zusammenarbeit kennt.

Unprofessionell und wie eine private Gefälligkeit wirkt es, wenn sich herausstellt, dass der Kollege seine Eindrücke schildert. Ebenso verhält es sich, wenn Sie Freunde, Verwandte oder Bekannte auflisten.

Eine Ausnahme: Wenn Sie sich ehrenamtlich engagieren, kann ein Vereinsvorsitzender Ihre Arbeitsweise beurteilen und eine gute Referenz sein.

Kann ein Referenzgeber zur Auskunft verpflichtet werden

Sobald Sie sich für eine Kontaktperson entschieden haben, sollten Sie diese selbstverständlich um ihr Einverständnis bitten. Zur Auskunft verpflichtet werden kann jedoch niemand.

Genauso wenig hat ein potenzieller neuer Arbeitgeber einen Anspruch auf die Angabe einer Referenz. Wünscht er allerdings einen Kontakt und Sie können oder wollen keinen nennen, könnte das negative Auswirkungen auf Ihre Chancen haben.

Wie wird eine Referenz angegeben

Den Referenzgeber listen Sie mit seinem Namen, seiner beruflichen Position und den Kontaktdaten im Lebenslauf auf. Die direkte Durchwahl sollte nicht angegeben sein, das könnte aufdringlich wirken.

Wo Sie die Angabe platzieren, bleibt Ihnen überlassen, entweder bei der jeweiligen Station im Lebenslauf, am Ende des Anschreibens oder auf einem separaten Blatt.

Wie viele Referenzen sind sinnvoll

Lieber keine statt eine.

Wird etwa nur zu einer der aufgelisteten Arbeitsstellen ein Kontakt angegeben, dann macht das skeptisch.

Wenn Sie Referenzen angeben möchten, sollte diese mindestens zu den Arbeitgebern der vergangenen fünf Jahre so vollständig wie möglich sein.

Welchen Wert haben Online - Referenzen

Soziale Netzwerke wie Xing oder LinkedIn bieten die Funktion, Online-Kontakte als Referenz zu benennen.

Diese können dann direkt über die Plattform kontaktiert werden.

Einige Personaler halten die Aussagekraft für gering, andere schätzen diese Methode.

Denn der andere muss den Status erst bestätigen und das zeugt für manche von hoher Authentizität.

Einladung zum Gespräch

Sobald Sie eine schriftliche Einladung zum Vorstellungsgespräch erhalten haben, bestätigen Sie den Termin telefonisch.

So machen Sie einen ersten guten Eindruck und Ihr Gesprächspartner kann mit Ihrem Namen eine Stimme verbinden.

Falls Sie den Termin aus besonders wichtigem Grund nicht wahrnehmen können, vereinbaren Sie umgehend einen neuen, diesen dürfen Sie aber auf keinen Fall noch einmal verlegen.

In Ihrem Telefongespräch können Sie auch Fragen zum Bewerbungsverfahren stellen. Zum Beispiel: Wer ist/sind Ihre Gesprächspartner? Welche Unterlagen sollen Sie bereithalten? Welcher Zeitrahmen ist vorgesehen?

Dies erleichtert Ihre Vorbereitung und zeigt Ihr Interesse.

Falls dem Schreiben ein Personalfragebogen beiliegt, füllen Sie diesen sorgfältig aus.

Wenn Sie Fragen dazu haben, rückversichern Sie sich bei dem Unternehmen. Wenn Sie sicher sind, dass der Fragebogen vor Ihrem Gesprächstermin ankommt, schicken Sie ihn umgehend los, anderenfalls bringen Sie ihn zum Bewerbungsgespräch mit.

Unternehmens-Informationen

Entscheidend für den Erfolg eines Vorstellungsgespräches ist ganz sicher eine möglichst gute Vorbereitung.

Das gibt Ihnen Sicherheit und lässt Sie die Hürde Vorstellungsgespräch elegant nehmen.

Verschaffen Sie sich alle wichtigen Informationen über Aktivitäten, Erfolge und Unternehmenskultur Ihres Wunscharbeitgebers.

Sie sollten - je nach Job - die Fragen zu Ansprechpartner, Rechtsform, Umsatz, Mitarbeiterzahl, Produkte, Marketingstrategien, Marktposition, Corporate Identity, Firmensitz und andere Standorte, Tochterunternehmen, Konzernstruktur, Firmengeschichte etc. beantworten können.

Fast alle größeren Unternehmen präsentieren sich im Internet. Weitere Quellen sind: Handelsregister, Wirtschaftsverbände, Zeitungsarchive, Wirtschaftsdatenbanken usw. Nutzen Sie auch Pressearchive und selbstverständlich die Veröffentlichungen des Unternehmens selbst.

Achten Sie besonders auf aktuelle Presseberichte und Projekte des anvisierten Arbeitgebers, auf die Sie im Gespräch vielleicht eingehen können. Vielfältige Informationen können Sie sich über die Presseabteilung großer Unternehmen schicken lassen. Mit der richtigen Recherche können Sie sich viele Fragen im Vorfeld Ihres Gesprächs beantworten lassen.

Stellen Sie die von Ihnen recherchierten Firmendaten in einer Liste zusammen. Diese können Sie auch mit ins Bewerbungsgespräch nehmen, damit zeigen Sie, dass Sie sich vorbereitet haben.

Planen Sie Ihren Tag richtig

Planen Sie den gesamten Bewerbungs-Tag gründlich und überlassen Sie nichts dem Zufall.

Alle Unterlagen und Ihre Kleidung legen Sie am Vorabend zurecht. Mit welchem Verkehrsmittel reisen Sie an? Umsteigen nötig? Verspätung einkalkuliert? Fahrkarte besorgt? Sitzplatz reserviert? Auto getankt und gewaschen? Innenraum sauber? (Vielleicht parken Sie genau neben dem neuen Chef) Parkplatz vorhanden oder wo ist das nächste Parkhaus? Fußweg, wie lange? Taxistand, wo?

Das mag auf den ersten Blick übertrieben klingen, vermindert aber den Stressfaktor am Tag des Bewerbungsgesprächs erheblich.

Dresscode

Auch die Kleidungsfrage ist zu klären. Planen Sie rechtzeitig, was Sie tragen möchten, da manches vielleicht noch gereinigt oder gewaschen werden muss. Kleiden Sie sich seriös, aber nicht aufdringlich. Keine Experimente!

Gewiss, Fachwissen, Sozialkompetenz und Persönlichkeit sind auch weiterhin ausschlaggebender als ein tadelloses Outfit. Doch kann Kleidung eben jene Professionalität unterstreichen, den Auftritt abrunden und insgesamt ein rundum stimmiges Bild erzeugen. Brüche wecken diesbezüglich immer Zweifel – und können bei zwei ansonsten gleichstarken Kandidaten den Ausschlag geben.

Ein einheitlicher Dresscode existiert nicht, alles geht, solange es gepflegt wirkt und Sie sich darin wohl fühlen. In der Banken-, Versicherungs- und Beraterbranche kommt eine konservative Garderobe nach wie vor gut an, bei kreativen und innovativen Berufen ist der klassische Business-Look eher out.

Für ein Bewerbungsgespräch sollte man sich, egal ob Mann oder Frau, dezent und zurückhaltend kleiden. Schließlich will man beim Gesprächspartner mit seinen Fähigkeiten punkten und nicht durch Äußerlichkeiten irritieren.

Vor einem Vorstellungstermin empfiehlt es sich, den Internetauftritt des betreffenden Unternehmens dahingehend zu studieren.

Manchmal lässt sich daraus ableiten, welcher Dresscode in der Firma herrscht.

Wenn Sie die persönliche Gelegenheit haben, vor oder nach Geschäftszeit zu beobachten, wie der Kleidungsstil im Unternehmen ist, nutzen Sie dies: Sie sollten sich ein wenig über diesem Standard einordnen.

Handelt es sich um eine "klassisch-konservative Branche" wie das Bankgewerbe? Oder ein Unternehmen der Kreativbranche, wo man es mit der Etikette nicht ganz so eng sieht?

Sie müssen schon mit Ihrer Kleidung und Ihrem Auftreten signalisieren, dass Sie das Unternehmen wertschätzen.

Denn Kleidung macht eben nicht nur Leute, sie ist Kommunikation pur.

Sie können Ihre Kleider nicht daran hindern, nicht zu kommunizieren.

Aber Sie können dafür sorgen, dass sie die richtige Botschaft senden – etwa die, dass Sie perfekt zu diesem Unternehmen passen oder gar zu höherem berufen sind.

Umgekehrt: ungepflegte Schuhe, zu kurze Röcke, knittrige Hemden, unmoderne Krawatten oder gar zu viele und zu aufdringliche Accessoires – auch das spricht Bände über den Träger, allerdings keine vorteilhaften.

Daher lauten die wichtigsten Dresscode-Tipps für das Vorstellungsgespräch:

- Kleiden Sie sich für die Position, die Sie wollen – nicht für den Job, den Sie schon haben!
- Bleiben Sie authentisch!

Wenn Sie in Kleidern stecken, die nicht zu Ihrer Person passen, wirken Sie verkrampft und künstlich. Außenstehende nehmen eine solche Verkleidung sofort als solche wahr. Das bedeutet allerdings nicht, dass man in seinem Lieblings-Hemd und der bequemen Jeans zum Bewerbungsgespräch erscheinen sollte. Schließlich geht es um einen neuen Job. Auch wenn man im Zweifel besser overdressed erscheint – es gibt auch ein zu viel des Guten.

Der Grat zwischen Authentizität und notwendiger Dresscode-Anpassung ist leider schmal. Balancieren müssen Sie dennoch darauf. Denn passt Ihre Kleiderwahl zum Unternehmen, gewinnen Sie damit bereits erste Sympathiepunkte und dokumentieren nonverbal: Ich kann mich auch anpassen, ich passe zu euch ins Team – und zwar, wie gesagt, ohne sich dazu verkleiden zu müssen.

Wenn Sie sich für das Bewerbungsgespräch neu einkleiden, tragen Sie das Outfit vorher mindestens einmal, damit Sie nicht verkleidet wirken und Sie wissen, ob Sie sich dauerhaft darin wohl fühlen.

Auf dem Weg zum Gespräch festzustellen, dass der Rock zu kurz ist oder die Hose beim Sitzen kneift, verunsichert zusätzlich.

Auch bei der Frisur ist der Schnitt nicht so entscheidend wie der gepflegte Eindruck.

Sehr lange Haare bei Männern kommen bei vielen Personalchefs nicht gut an, ebenso wie dick aufgetragenes Make up, auffälliger Schmuck und aufdringliches Parfum.

87 Prozent der Personalverantwortlichen bemängeln unangebrachte Kleidung beim Vorstellungsgespräch

"Es gibt keine zweite Chance für den ersten Eindruck"

Dresscode Frauen

Folgende Kleidungsempfehlung speziell für Frauen im Vorstellungsgespräch:

- Am besten Rock/Hose mit Blazer und Bluse. Im Grunde haben Frauen hier enorme modische Freiheiten.
- Tabu: Dunkler BH unter weißer Bluse. Wenn die Unterwäsche durchscheint, ist das einfach nicht stimmig, jedenfalls nicht im Business.
- Tabu: Eine zu enge Oberweite. Oft lässt sich das bei Frauen mit großer Oberweite beobachten: Die Bluse sitzt eigentlich perfekt, nur an der Brust spannt sie so sehr, dass man von der Seite einen Blick auf den BH erhaschen kann. Hier hilft eigentlich nur, die Bluse eine Nummer größer zu kaufen.
- Der Rock sollte da enden, wo das Bein eine schöne und schmale Stelle hat, - knapp über dem Knie oder knapp unterhalb des Knies. Schlitze im Rock sind zwar schick, bei der Bewerbung aber nicht ratsam. Ich empfehle Ihnen ein Probesitzen vor dem Spiegel, um sich jederzeit sicher zu sein, dass die Kleidung keine unerwarteten Einblicke gewährt.
- Natürlich nie ohne Seidenstrümpfe.

- Nicht viel höher als fünf Zentimeter sollten Absätze bei Damenschuhen sein. Sie sollten gewohnt sein, in solchen Schuhen zu laufen.
- An Accessoires sollten Sie eine Uhr, ein paar dezente Ringe und Ohrstecker tragen. Die Ohrringe sollten nicht bis zur Schulter baumeln.
- Sonnenbrillen – egal, wie hell es drinnen wie draußen ist – sind gänzlich tabu.

Dresscode Männer

Kleidungsempfehlung im Vorstellungsgespräch für Männer:

- Hemd. Das blaue Hemd ist dem weißen inzwischen zwar gleichwertig und macht sich zu fast jeder Anzugfarbe gut. Doch das Weiße ist noch immer klassischer und wirkt obendrein stets etwas eleganter – erst recht mit Doppelmanschette und taillierter Form. Stilecht wird das Hemd ohne Unterhemd getragen und es hat keine Brusttasche.
- Krawatte. Mit oder ohne? Es kommt auf den Arbeitgeber in spe an. In Werbeagenturen, Architektenbüros oder bei Ingenieuren wird mehr toleriert – also auch mal oben ohne. In der Finanz- oder Energiebranche dagegen gehört der Schlips nach wie vor zum guten Ton.

- Entscheidend ist oft, dass die Krawatte zum Rest des Outfits passt und möglichst modern ist. Modeprofis sehen der Krawatte durchaus an, ob sie aus dem Vorjahr ist.
- Krawattenlänge. Für die gebundene Krawatten gilt immer: Sie endet oberhalb der Gürtelschnalle.
- Anzug. Die Designs mögen variieren, ein paar Regeln bleiben immer gleich: Sakko im Stehen immer zugeknöpft und die Hemdmanschette sollte etwas herausschauen.
- Accessoires. Männer haben es beim Schmuck einfach. Eine Uhr und der Ehering reichen.
- Ohrring oder Piercing. Beim Vorstellungsgespräch rausnehmen und zum Berufsanfang wieder einsetzen, kann später schief gehen.
- Ein klassischer Schnürschuh wie ein Budapester in Schwarz oder Braun ist eine gute Wahl. Braune Schuhe passen zwar gut zu blauen Stoffen, zu grauen oder schwarzen Anzügen eigenen sich nur schwarze Schuhe.
- Socken. Die Sockenfarbe sollte entweder zum Schuh oder zum Anzug passen. Wenn Sie gerne die Beine übereinanderschlagen sollten Sie Strümpfe tragen. Man sollte nie das nackte Bein sehen.

Das nehmen Sie mit

Nehmen Sie alle für Sie wichtigen Unterlagen mit. Verstauen Sie diese möglichst in einer Business-tauglichen Handtasche bzw. einem Aktenkoffer.

Sie sollten auf jeden Fall mit dabeihaben:

- die Stellenanzeige
- komplette Bewerbung
- evtl. Personalfragebogen
- die Liste mit den Firmendaten
- die Namen Ihrer Ansprechpartner
- die Einladung zum Gespräch
- eine Liste mit Fragen zum Unternehmen, die Sie beantwortet haben möchten
- eine Anreiseskizze
- Ihren Terminkalender sowie
- Papier und Stifte

Um sich auf der Anreise bzw. während einer möglichen Wartezeit abzulenken, könnten Sie sich eine gute Tageszeitung oder ein Fachmagazin als Lektüre mitnehmen.

Wichtig: Lassen Sie Ihr Handy im Auto oder zu Hause. Auf jeden Fall sicher ausgeschaltet! Es gibt nichts Peinlicheres als Handyklingeln oder irgendwelche Mitteilungstöne!

Anreise planen

Planen Sie Ihre Anreise im Detail. Denn wenn Sie nicht pünktlich sind, starten Sie in Ihr Bewerbungsgespräch schon mit einem dicken Minuspunkt.

Vermeiden Sie an diesem besonderen Tag jeden zusätzlichen Stress und planen Sie für jeden Abschnitt Ihrer Anreise genügend Zeit ein, etwa wegen unvermuteter Staus, Verspätung von öffentlichen Verkehrsmitteln, insbesondere Flügen. Machen Sie sich deshalb vorher mit dem Anfahrtsweg vertraut. Kümmern Sie sich um die Fahrzeiten von Bus und Bahn und planen Sie auch das letzte Stück zu Fuß mit ein.

Rechnen Sie auch mit langen Wegen auf dem Firmengelände, zeitraubenden Sicherheitskontrollen usw. und informieren Sie sich auf jeden Fall bei größeren Firmenkomplexen, in welchem Gebäude Ihr Vorstellungsgespräch stattfindet. Falls der Termin sehr früh am Morgen liegt, sollten Sie vielleicht einen Tag früher anreisen und übernachten.

Natürlich kommen bei der Anreise zu entfernten Vorstellungsterminen Kosten auf Sie zu. Wenn das Unternehmen nicht vorab darauf hinweist, dass es die Kosten nicht trägt, übernimmt der potentielle Arbeitgeber normalerweise die Kosten für die Fahrt und wenn nötig für Unterkunft und Verpflegung.

Auch wenn Sie zu gut geplant haben und sehr früh dran sind, überraschen Sie Ihren Gesprächspartner nicht schon eine Stunde vor dem vereinbarten Termin. Gehen Sie lieber noch einen Kaffee trinken oder lesen Sie die mitgebrachte Fachliteratur. Es ist ok, ca. zehn Minuten vor der vereinbarten Zeit anzukommen. Denken Sie daran, zu allen, die Sie treffen, besonders freundlich zu sein, dazu gehören Pförtner, Sekretärinnen usw.

Anmeldung

Gehen Sie immer direkt zur Anmeldung und nennen Sie Ihren Namen mit Vor- und Zuname.
Wenn Sie eine persönliche Visitenkarte besitzen überreichen Sie diese. Eine Unternehmens-Visitenkarte überreichen Sie auf keinen Fall - Sie sind privat hier und nicht als Vertreter Ihrer bisherigen Firma.

Bitten Sie den Empfangsmitarbeiter Ihrem Gesprächspartner Herrn/Frau …… mitzuteilen, dass Sie zum vereinbarten Termin im Hause sind.
Wenn Sie aufgefordert werden sich zu setzen und zu warten, tun Sie dies.
Erwarten Sie mit Freude (dieses Gefühl ist wichtig) Ihren Gesprächspartner oder Abholer.
Stehen Sie sofort auf, wenn jemand auf Sie zukommt und sich vorstellt. Auf dem Weg zum Besprechungsraum oder Büro beginnen Sie mit Small Talk.

Wenn Sie im Besprechungsraum wieder um Wartezeit gebeten werden bleiben Sie stehen. Sie möchten ja die Türe im Blick behalten und wissen ja nicht welchen Stuhl Ihr Gesprächspartner für Sie vorgesehen hat.

Falls Ihnen etwas zum Trinken angeboten wird, sagen Sie zu Kaffee, Tee oder Wasser immer ja.

Damit können Sie im Gespräch einen trockenen Hals vermeiden und taktisch eine Denkpause einlegen. Sie müssen nicht austrinken!

Ihre Unterlagen/Aktentasche behalten Sie vorerst in der Hand und legen diese keinesfalls auf dem Tisch ab - ein nonverbales besitzergreifendes Zeichen, das wir vermeiden möchten.

Begrüßung

Ein enorm wichtiges, selbstverständliches Ritual, darum ein paar Tipps hierzu.

- Tagesgruß - (…Guten Morgen; Guten Tag), Titel und Name
- „Hallo" und „Tschüss" ist im Alltag unter Gleichen angesagt, nicht bei einer Vorstellung
- Die Hand reicht Ihnen der Gesprächspartner und Sie greifen diese und drücken die Hand kurz. - nicht schütteln
- In die Augen sehen beim Händedruck!

- o Feuchte Hände – was tun? Halten Sie ein Papiertaschentuch in der Hand und wechseln Sie dies in die andere Hand vor der Begrüßung(mit Übung möglich)
- o Kalte Hände – was tun? Bis Ihr Gegenüber den Raum betritt, können Sie die Hände reiben oder in der Tasche lassen.
- o Hände aus der Tasche
- o Immer im Stehen, nie im sitzen
- o Männer schließen immer Jacke oder Sakko

Der Händedruck bei der Begrüßung ist nach dem ersten Eindruck die wichtige zweite non-verbale Erkenntnis die Sie abgeben. Denken Sie an Situationen, wenn die Ihnen gereichte Hand lasch, feucht oder eiskalt war. Wie haben Sie empfunden?!

Augenkontakt

Nutzen Sie jede Möglichkeit um Ihrem Gegenüber in die Augen zu schauen!

Augenkontakt gilt als Demonstration von Ehrlichkeit. Dieser ist daher sehr wichtig, wenn Sie überzeugen wollen.

Blickkontakt ist ein wichtiges Mittel der Körpersprache.
Das Auge bezeichnet man gerne auch als Fenster zur Seele.

Wechseln Sie bei mehreren Gesprächspartnern hin und her. Schauen Sie jeder Person ca. 3 Sekunden in die Augen - einen Gedanken lang.

Lächeln

Das Lächeln ist die Disziplin um Sympathien zu gewinnen!

Ein natürliches, aufgeschlossenes Lächeln ist der perfekte Türöffner.
Wenn Sie Ihre Gesprächspartner anlächeln, kommt es garantiert zurück!

Das haben Sie alle schon selbst erlebt: Unser Gegenüber gähnt und wir müssen automatisch auch gähnen, jemand lächelt uns an und wir lächeln ohne nachzudenken zurück. Oder wir können unsere Tränen einfach nicht unterdrücken, wenn wir einen traurigen Film sehen.
Dass wir empfinden, was andere empfinden, egal ob es nun Mitleid, Trauer oder Freude ist, verdanken wir bestimmten Nerven in unserem Hirn – den Spiegelneuronen. Spiegelneuronen sind ein Resonanzsystem im Gehirn, das Gefühle und Stimmungen anderer Menschen beim Empfänger zum Erklingen bringt.

Holen Sie sich das Lächeln Ihrer Gesprächspartner!

Mimik

Die Mimik können Sie nur durch eine positive Grundeinstellung beeinflussen.

Wenn Sie Ihre Mimik zu jeder Zeit perfekt einsetzen und steuern könnten, verdienten Sie Ihr Geld als Schauspieler.

Seien Sie motiviert und freuen Sie sich auf Ihr Gespräch. Damit sind und wirken Sie authentisch!

Stimme

Vielleicht übertrieben wenn Sie Ihre Stimme trainieren, die Möglichkeiten zeige ich Ihnen gerne auf.

Natürlich gibt es ganz besonders schöne Stimmlagen mit einem entsprechenden Grundton, dann haben Sie Vorteile.

Aber jede Stimme ist durch ein wenig Training zu verbessern. Achten Sie auf folgende Punkte bei Ihrer Kommunikation/Rede:

- o eine klare verständliche Stimme!
- o richtiges Sprechtempo!
- o bewusste Pausen!

Tipp: Sie können die 3 Punkte üben, indem Sie Gedichte, Songtexte oder Zeitungsartikel für sich selbst laut vorlesen.

Dialekt ist kein Problem, wenn Sie verständlich sind.

Achten Sie Ihre Betonung.

Zeichnen Sie Ihre Stimme mit einem entsprechenden Gerät auf, damit können Sie sich perfekt kontrollieren und verbessern.

Nervosität

Auch wenn Sie noch so oft in ein Vorstellungsgespräch gehen, Sie werden durch den Anstieg des Adrenalinspiegels, Nervosität verspüren.

Vermeiden Sie an diesem Tag zu viel Kaffee oder Tee. Die Wirkstoffe Koffein und Teein fördern Ihre Nervosität. Das gleiche gilt für Energie-Drinks.

Akzeptieren Sie dieses Gefühl der Anspannung, es ist ganz normal und kann positiv genutzt werden.

Programmieren Sie sich positiv!

- o „Ich freue mich auf das Gespräch"
- o „Ich freue mich hier zu sein"
- o „Ich bin mir meiner sicher"

Voraussetzung ist immer, dass Sie sich gut auf das Gespräch vorbereitet haben und fühlen.

Small Talk

Der Einstieg ins Vorstellungsgespräch ist für Ihren Erfolg entscheidender als Sie denken, denn diese „Plauderphase" wird stärker als man normalerweise zugibt durch gegenseitige Sympathie bestimmt.

Viele Psychologen sind davon überzeugt, dass sich in den ersten zehn Sekunden (!) einer Begegnung entscheidet, ob der Gesprächspartner als sympathisch oder nicht, passend oder nicht, empfunden wird.

Ihr Ziel muss es sein, diese Sympathie zu gewinnen! Ihre Kompetenzen und Qualifikationen werden Ihnen dann „gewissermaßen nebenbei" gutgeschrieben.

Der Sache nach das Gegenteil von spontan, sucht der Smalltalk gezielt das Alltagsgespräch um Nervosität abzubauen und Sympathie herzustellen.

Seien Sie freundlich, ohne überschwänglich zu wirken. Antworten Sie in kurzen Sätzen und nicht nur mit ja oder nein! Stellen Sie möglichst auch Fragen.

In der Regel werden Sie folgendes gefragt:

Wie war Ihrer Anreise?
Mögliche Antwort: Problemlos, da wenig Verkehr. Nur das Parkplatz finden ist schwierig. Wie lösen Sie das Parken?

Waren wir leicht zu finden?

Mögen Sie diese nass-kalte Witterung?

Dabei mag Sie die Überlegung beruhigen, dass die Personalentscheider gern Ihre Vorauswahl bestätigt sehen wollen. Sie wurden ja schon aus vielen Mitbewerbern ausgewählt.

Sitzhaltung

Sitzen Sie aufrecht, indem Sie möglichst bis ganz an die Rückenlehne rutschen, geht das wie von selbst. Oberkörper wenden Sie Ihrem Gegenüber zu! Setzen Sie beide Fußsohlen fest auf den Boden.

Hände immer sichtbar auf dem Tisch!

Nie breitbeinig, die Regel besagt, der Abstand zwischen den Knien darf maximal ein Faustbreit sein. Das hat weniger etwas mit obszönem Gebaren zu tun als vielmehr mit dem uralten Ritus des Markierens, mit dem Männer den Raum um sich herum in Besitz nehmen. Ist Ihr Gesprächspartner eine Frau könnte Sie sich vereinnahmt vorkommen und bei einem Mann müsste dieser sein Revier sichern!

Füße sollten nicht um die Stuhlbeine gewickelt werden(Nervosität). Die Knie sollen beim Beine übereinander schlagen (besser vermeiden) nicht über die Tischhöhe hinaus ragen.

Körpersprache

Am Anfang ist neben dem Smalltalk vor allem die Körpersprache entscheidend.

Denn die Einstiegsthemen sind wie erwähnt zumeist eher belanglos, wie z.B. Ihre Anfahrt oder das Wetter.

Nach der Begrüßung und dieser vertrauensbildenden Gesprächseinleitung folgt zumeist die kurze Vorstellung des Unternehmens. Hier ist aktives Zuhören gefragt.

Achten Sie dabei auf Ihre Körpersprache.

Halten Sie Blickkontakt, aber starren Sie nicht. Bestätigen Sie das gehörte durch kurzes Nicken, Lächeln oder machen Sie sich Notizen. Ihr Gegenüber muss Ihre Aufmerksamkeit spüren!

Seien Sie konzentriert und kommen Sie nicht in die Versuchung in der Gegend herum zu gucken.

Versuchen Sie entspannt zu sitzen, ohne die Beine übereinander zu schlagen.

In den ersten Minuten der Begegnung mit einem Fremden ist es vollkommen egal, was wir erzählen. Unser Gegenüber nimmt überwiegend unsere Körpersprache wahr. Laut wissenschaftlichen Untersuchungen gehen nur sieben Prozent des Eindrucks, den wir hinterlassen, auf das tatsächlich Gesagte zurück.

Das gilt natürlich auch in Bewerbungsgesprächen!

Darum sollten Sie in solchen Situationen die eigenen Signale kontrollieren.

Wichtig sind die Hände als unser Aushängeschild!

Also wohin mit seinen Händen?

Wenn Sie auf Ihren Gesprächspartner im Stehen warten ist es eine bequeme und natürliche Haltung, sie einfach hinter dem Rücken zu verschränken - Nach vorn lässt man Offenheit zu, denn in dieser Haltung ist der Oberkörper ungeschützt - Bitte nur wenn Sie warten, in Gesellschaft wirkt diese Haltung, als ob man etwas zu verstecken hätte.

Auch können Sie im Stehen die Arme einfach locker neben dem Körper hängen lassen - Anfangs mag einem das komisch vorkommen, aber mit ein bisschen Übung gewöhnt man sich daran.

Die professionellste Möglichkeit ist die sogenannte Bauchhaltung, wobei die Hände in Bauchhöhe locker gehalten werden. Hier haben Sie den Vorteil, das gesagte wird automatisch durch Gesten unterstützt.

Wenn Sie sitzen, gehören die Hände auf den Tisch. Damit zeigen Sie Offenheit und nutzen die Hände auch für Ihre Gestik!

Vermeiden Sie Ihre Hand oder Finger im Gesicht zu haben.

Gesichtsausdruck

Ebenso wichtig wie die Hände ist der Gesichtsausdruck. Oft genug steht es Menschen ins Gesicht geschrieben, was sie über andere denken.

Denken Sie also positiv!

Geübte Personaler haben sich unter Kontrolle - dann verrät nur ein kleines Zucken der Mundwinkel, was in ihrem Kopf vorgeht. Spitzen sie etwa kurz die Lippen, prüfen sie das gerade Gesagte ganz genau. Halten Sie sich nicht mit der Deutung dieser Gesten auf, konzentrieren Sie sich auf das Gesagte oder Ihre Fragen!

Fragen und Antworten im Vorstellungsgespräch

45 - 90 Minuten, die über die weitere Karriere entscheiden können:
Ein Vorstellungsgespräch gehört zu den nervenaufreibendsten Momenten des Lebens - und zugleich zu den einfachsten.

<u>Denn die Fragen sind fast immer die gleichen.</u>

Ich verrate Ihnen, was man am besten darauf antwortet - und was die Chefs auf keinen Fall hören wollen.

Die Fragen des Personalentscheiders regeln normalerweise den Ablauf des Vorstellungsgespräches. Daraus ergibt sich für Sie der Vorteil, dass in den meisten Fällen ein Standardrepertoire abgefragt wird. Damit können Sie sich auf die zu erwartenden Fragen des Personalleiters vorbereiten.

Besonders auf zu erwartende stressige Fragen, etwa Lücken im Lebenslauf, sollten Sie sich vorher eine überzeugende Antwort zurechtlegen. Bleiben Sie dabei glaubwürdig. Lügen zu erzählen, fällt wenn nicht gleich, sicher irgendwann später auf und kann zur Anfechtung oder Auflösung eines eventuellen Vertrages führen. Professionelle Interviewer führen strukturierte Bewerbungsgespräche und wollen präzise, klare und ehrliche Antworten.

Standardfragen

Hier die Standardfragen, auf die Sie sich bereits vorbereiten können.

- Erzählen Sie etwas von sich.
- Welches sind Ihre besonderen Stärken, wo sehen Sie Ihre Schwächen?

- Weshalb sollen wir ausgerechnet Sie einstellen?
- Warum möchten Sie diesen Job?
- Was versprechen Sie sich von dieser Stelle und unserer Firma?
- Erzählen Sie uns etwas von ihren bisherigen Aufgaben.
- Warum wollen Sie Ihren bisherigen Job wechseln?
- Welches sind Ihre Hobbys?
- Welche Ziele möchten Sie in den nächsten fünf bis zehn Jahren erreichen?
- Welches Gehalt stellen Sie sich vor?

Natürlich erhalten Sie entsprechende Tipps, um diese Fragen strategisch und für Sie positiv zu beantworten.

Erzählen Sie etwas von sich

Fühlen Sie sich nicht verleitet, Ihre Lebensgeschichte zu erzählen.

Den Interviewer interessiert nur eines - wie gut Sie sich für die ausgeschriebene Stelle eignen. Demzufolge müssen Sie auftreten.

Das Thema „Lebenslauf" sollte gut vorbereitet kein Problem darstellen. Erzählen Sie diesen, ohne langatmig zu werden, aber lebendig mit Ausführungen zu Ihren Tätigkeiten.

Leiern Sie nicht nur Ihre Fakten herunter. Achten Sie darauf, Ihre Schwerpunkte auf die ausgeschriebene Stelle zu beziehen und vor allem sollten Sie den roten Faden nicht verlieren.

Ihre Erzählung bzw. Lebenslauf sollte geradewegs auf diese Stelle zugeschnitten sein.

Stärken und Schwächen

Nennen Sie ehrlich Ihre Stärken und versuchen Sie Beispiele aus Ihrem jetzigen Berufsleben zu finden.

Bei der Frage nach Ihren Schwächen reicht es nicht, eine Schwäche zu nennen, die auch als Stärke interpretiert werden kann, z.B. Perfektionismus oder Sparsamkeit. Langweilen Sie den Personaler nicht mit solchen Standardphrasen, aber seien Sie vorsichtig, Ihre Schwäche nicht zu breit zu diskutieren bzw. wählen Sie Schwächen, die in Ihrem Beruf nicht entscheidend sind, wie z.B. Introvertiertheit bei einem Sachbearbeiter.

Weshalb sollen wir ausgerechnet Sie einstellen

Gehen Sie auf Ihr Interesse an diesem bestimmten Unternehmen ein.

Erklären sie unter Umständen noch einmal Ihre Qualifikation für diesen Job, weisen Sie auf Erfahrungen, Weiterbildungen usw. hin. Unterstreichen Sie Ihr langfristiges Interesse. Keine Angst, hielte der Verantwortliche Sie für nicht qualifiziert, hätte er Sie gar nicht erst eingeladen.

Warum möchten Sie diesen Job

Ihr zukünftiger Arbeitgeber wünscht sich, dass seine Stelle Ihre erste Wahl ist.

Erklären Sie deshalb, warum Sie gerade dieses Unternehmen so interessant finden, warum Sie gerade dort Ihre beruflichen Ziele besonders gut verfolgen können.

Beachten Sie die recherchierten Unternehmensziele, die auch Ihre Ziele sein sollten.

Wenn Sie bereits Berufserfahrung mitbringen erklären Sie, warum gerade Sie die Firma oder die Abteilung nach vorne bringen können.

Was versprechen Sie sich von dieser Stelle und unserer Firma

Hier wird getestet, wie gut Sie sich vorbereitet haben. Haben Sie recherchiert, was Sie erwartet, schätzen Sie die zukünftigen Aufgaben realistisch ein?

Auf jeden Fall können Sie Ihre Erwartungen konkret und plausibel begründen, auch Fragen stellen ist natürlich erlaubt.

Erzählen Sie uns etwas von ihrem jetzigen Job

Gehen Sie nicht zu sehr ins Detail, denn dabei besteht die Gefahr, dass Sie Firmengeheimnisse ausplaudern.

Zeigen Sie auf, dass Sie genügend Fähigkeiten besitzen, um die voraussichtlichen Aufgaben in der angestrebten Position zu bewältigen.

Das Wissen, über die neuen Aufgaben stellt auch sicher, welche Art von Schwierigkeiten auf Sie zukommen kann.

Ideal wäre es, ein ähnlich gelagertes Aufgabengebiet oder Problem zu beschreiben, das Sie mit Erfolg gelöst haben.

Warum wollen Sie Ihren bisherigen Job wechseln

Nennen Sie möglichst objektiv positive und negative Seiten Ihrer jetzigen Arbeitsstelle. Zum Beispiel mangelnde Fortbildungs- oder fehlende Aufstiegsmöglichkeiten.

Das sind gute Gründe, eine Arbeitsstelle zu verlassen. Betonen Sie auch etwas Positives. Zum Beispiel das gute Betriebsklima.

Gerne werden Bewerber gefragt, wie sie mit den Kollegen und Vorgesetzten zurechtkommen. Bleiben Sie immer sachlich und positiv, sonst werden Sie für schwierig und im Ernstfall nicht für teamfähig gehalten.

Welches sind Ihre Hobbys

Dies ist eine allgemeine oder Eisbrecher-Frage. Der Personaler möchte Sie einfach als Gesamtpersönlichkeit kennen lernen.

Wenn Sie Glück haben, können Sie hier Sympathiepunkte sammeln, weil der Interviewer ähnliche Interessen hat wie Sie.

Achtung: Gerade in Jobs, in denen zeitlich flexibel und auch an Wochenenden gearbeitet wird geht es darum, ob jemand in das Unternehmen und zu den Kollegen passt. Hier sollte man zeitintensive Hobbys nicht in den Vordergrund stellen.
Gefährliche Hobbys führen leicht zu Vorurteilen - viele Personaler haben schon mit den möglichen verletzungsbedingten Ausfalltagen von Amateurfußballern Probleme.

Machen Sie deutlich, dass die Arbeit wichtiger ist als Ihre Hobbys. Der Ausgleich zum Job soll natürlich sein und ist sogar gewünscht.

Welche Ziele möchten Sie in den nächsten fünf oder zehn Jahren erreichen

Hier möchte der Fragende wissen, ob Sie Ziele im Leben haben oder nur von einem Tag in den anderen hinein leben.

Es geht natürlich darum herauszufinden, wie viel Motivation Sie mitbringen und ob Sie Ihre Zukunftspläne mit dieser Aufgabe erreichen.

Dies ist die Möglichkeit, Ambitionen zu zeigen - natürlich mit dem nötigen Realismus.

Welches Gehalt stellen Sie sich vor

Die beste Antwort lautet, dass Sie sich ein Gehalt erwarten, das Ihrer Leistung entspricht.

Sie können auch argumentieren, dass es Ihnen weniger ums Geld als um die mit der Position verbundenen Chancen geht. Hierbei könnten und sollten Sie über eine Basis sprechen und das endgültige Gehalt erst nach einer Zeit der Einarbeitung erneut besprechen und festlegen.

Bedenken Sie, dass es in vielen Bereichen gar keine Spielräume zum Verhandeln gibt, etwa im Öffentlichen Dienst oder bei festen Tarifstrukturen.

Die Frage nach dem Gehalt ist zielt nur darauf ab festzustellen, ob Sie mit dem Gebotenem zufrieden sein können, bzw. Sie die gegebene Vergütungssituation realistisch einschätzen.

Sollen Sie sich auf eine Summe festlegen, empfiehlt es sich einen entsprechenden Gehaltsrahmen zu nennen. Üblicherweise spricht man von einer Von-Bis-Summe. Sie können als variable ein 13. oder 14. Gehalt, bzw. mögliche Prämien erfragen.

Achtung: Etwa ein Drittel aller Bewerber wird auf Grund zu hoher Gehaltsvorstellungen abgelehnt. Erkundigen Sie sich deshalb im Vorfeld über die branchenüblichen Gehälter für die Position, die Sie einnehmen wollen.

Bietet man Ihnen weniger, verhandeln Sie, aber bestehen Sie im Zweifelsfall nicht darauf. Machen Sie die Differenz lieber zum Thema des ersten Gehaltsgespräches mit ihrem neuen Chef, wenn Sie schon etwas geleistet haben.

Wenn Sie den Job wechseln, können Sie Ihre Gehaltsforderung dahingehend argumentieren, über mittlerweile mehr Berufserfahrung zu verfügen und evtl. diverse Zusatzqualifikationen erworben zu haben.

Beziehen Sie folgende Überlegungen mit ein, wenn Sie über das zu fordernde Gehalt nachdenken.

- Welches Personalentwicklungssystem erwartet Sie?
- Die relative Sicherheit eines Großunternehmens?
- Weiterbildungsmöglichkeiten als geldwerte Leistung betrachten?
- Sachleistungen, wie z.B. Firmenwagen?
- Betriebsrente?
- …

Welche Rolle übernehmen Sie in einem Team

Machen Sie deutlich, dass Sie ein gutes Gespür für die sich verändernden Anforderungen an ein Team haben.

Legen Sie sich nicht fest, denn Sie sind in der Lage, situationsbedingt immer wieder verschiedene Rollen anzunehmen.

Beispiel: Das kommt immer auf die Situation an. Ich kann mich zurückhalten und zuhören, aber ich kann auch neue Ideen einbringen und die Diskussion beleben.

Schlecht sind kurze Statements wie: ‚Ich bin der Macher' oder ‚Ich bin eher der gute Umsetzer'.

Worin sehen Sie ihre größte Stärke

Es gibt Eigenschaften, die Sie immer in ein positives Licht rücken.

Beispiel: Sagen Sie, dass Sie neugierig sind und deshalb gerne lernen. Es macht Ihnen einfach Spaß, neues Wissen anzueignen und zu verstehen, wie die Dinge zusammenhängen und funktionieren.

Ich verfüge über eine sehr große Begeisterungsfähigkeit - Klingt nur im ersten Moment gut. Möglicherweise bedeutet dies auch sprunghaft zu sein und Projekte, an denen Sie das Interesse verloren haben, nicht erfolgreich zu beenden.

Was war Ihr größter Misserfolg

Fehler eingestehen ist grundsätzlich gut. Nur wer arbeitet und Entscheidung trifft macht Fehler.

Wenn Sie betonen, dass Sie die Gründe für den Misserfolg analysieren, aus den Fehlern lernen, die Verantwortung übernehmen und Veränderungen vornehmen, argumentieren Sie richtig.

Beispiel: Mein größter Misserfolg war, dass ich während meiner Schulzeit Mathe in den Sand gesetzt habe und deshalb ein ganzes Jahr dranhängen musste. Damals war ich natürlich sehr enttäuscht, aber heute weiß ich, dass ich einfach zu spät mit dem Lernen begonnen habe und die wichtigen Dinge rechtzeitig angehen muss.

Nur zu sagen: Mein größter Misserfolg war, dass ich während der Schulzeit die letzte Klasse wiederholen musste ist zu wenig.

Schätzen Sie sich als Führungspersönlichkeit oder als Mitarbeiter ein

Ihr Gesprächspartner darf auf keinen Fall den Eindruck erhalten, Sie sähen die ausgeschriebene Stelle nur als Sprungbrett für höhere Aufgaben an.

Konzentrieren Sie sich auf die Stelle, auf die Sie sich gerade beworben haben.

Vermeiden Sie solche Sätze wie: Zurzeit bewerbe ich mich bei Ihnen als Sachbearbeiter, aber ich habe schon den Ehrgeiz, demnächst Führungsaufgaben zu übernehmen.

Sie können nicht glaubwürdig Vermitteln, dass Sie führen können, sich aber auch führen lassen.

Ein Satz wie: Auf der einen Seite kann ich sehr gut im Team arbeiten, auf der anderen Seite traue ich mir auch zu, ein Team zu leiten und andere miteinzubeziehen. - klingt gut, ist aber nur sinnvoll, wenn die ausgeschriebene Stelle die Führungsrolle in der Zukunft vorsieht.

Was ist Ihnen in Ihrem Leben wichtig

Sie sollten ein bisschen weiter ausholen, schließlich möchte Ihr Gesprächspartner Sie besser kennenlernen. Achten Sie auf nicht zu viel Privates, denn Sie befinden sich in einem Bewerbungsgespräch.

Beispiel: Ich mag meinen Beruf und ich liebe meine Familie. Diese beiden Bereiche sollen sich ergänzen. Ich suche einen Job, der mich fordert, wo ich etwas lerne und wo ich mich wirklich einbringen kann. Auf der anderen Seite brauche ich aber auch mein privates Umfeld, auf das ich mich verlassen und in dem ich mich regenerieren kann.

Auch hier ist eine zu kurze Aussage letztlich negativ, da eventuell nur eine Floskel. Ein herausfordernder Job und Gesundheit.

Welche Vorbilder haben Sie

Die Frage nach Vorbildern soll natürlich einiges über Sie aussagen. Idealerweise nennen Sie Beispiele, aus denen sich Ihre besondere Eignung für den Job ableiten lässt.

Beispiel: Vorbilder? Es gibt Menschen, die mich beeindruckt haben, weil ich von ihnen sehr viel gelernt habe. Ich erinnere mich da gerne an meinen Ausbilder/Professor, der mich erst so richtig für diesen Beruf begeistert hat.

Sind Sie kreativ und bereiten Sie sich vor. Die schlechteste Antwort: Im Moment fallen mir keine ein. Ich gehe sowieso meine eigenen Wege.

Warum haben Sie sich für diese Ausbildung/dieses Studium entschieden

Ihrem Gesprächspartner sollten Sie klarmachen, dass Ihr Beruf Ihre Berufung ist. Nicht der Druck von der Familie oder der Verdienst waren entscheidend.

Beispiel: "Mein Ziel, Betriebswirt zu werden, hat mich immer bestärkt. Dafür war das Studium Voraussetzung und daher fiel es mir leicht, es zügig durchzuziehen. Mein Ziel war nicht, Student zu sein, sondern diesen Beruf ausüben zu können. Man lernt als Betriebswirt viele Menschen und ihre Probleme kennen. Das hat mich schon immer fasziniert, auch in meinen Praxissemestern."

Sprechen Sie über Ihre Faszination für den Beruf. Aus einer Tradition begründet ist zwar nachvollziehbar aber Ihre Leidenschaft sollte spürbar sein. Leidenschaftslos: Schon mein Vater und mein Großvater waren Techniker, deshalb kam ich früh mit dem Beruf in Berührung und es wurde bald klar, dass das auch mein Weg werden würde.

Wie lange sind Sie schon auf Jobsuche

Die Frage ist nur ein Problem, wenn Sie längere Zeit arbeitslos waren. Am besten, Sie verpacken ein paar positive Botschaften in Ihre Antwort, wie Ihre Motivation, die interessante Aufgabe oder absolvierte Fortbildungen.

Nutzen Sie die Frage um ihrem Gegenüber etwas über Ihre Persönlichkeit mitzuteilen.

Beispiel: Das letzte Arbeitsverhältnis verlief nicht so wie geplant, danach brauchte ich Zeit um eine Strategie für die Zukunft festzulegen. Ich habe mich weitergebildet und mir ein sehr gutes Bild vom Arbeitsmarkt verschafft. Das hat etwas gedauert. Aber heute bin ich hier und ich bin sicher, dass ich die vergangenen Monate gut investiert habe. Davon würde ich Sie gerne überzeugen."

‚Leider sechs Monate' ist viel zu wenig.

Was unterscheidet Sie
von anderen Bewerbern

Die Frage hinter der Frage lautet: Warum sollen wir uns für Sie entscheiden?

Also die eigenen Stärken in den Vordergrund stellen, um dem Personaler deutlich zu machen, welchen Nutzen er von Ihnen haben würde.

Beispiel: Für die Anforderungen der ausgeschriebenen Stelle ist doch folgendes wichtig: Ich greife zwei wesentliche Punkte heraus, die ich erfülle …

Nicht: Dafür müsste ich die anderen Bewerber kennen.

Sind Sie bereit, Überstunden zu leisten

Niemand macht gerne Überstunden, außer in seinem Privatleben ist nichts los. Ebenso sollten Sie nicht den Eindruck erwecken, Sie hätten das Tagesgeschäft nicht im Griff.

Beispiel: Grundsätzlich ist es mir wichtig, meine Aufgaben in der regulären Arbeitszeit zu erledigen. Die Voraussetzung im Vorfeld sauber zu planen und Prioritäten zu erkennen bringe ich mit. Ich weiß aber auch, dass man nicht jeden Arbeitstag von neun bis 17 Uhr durchplanen kann und deshalb flexibel sein muss.

Lassen Sie sich nicht zu dieser Aussage verleiten: Klar, ich weiß doch, wie das Tagesgeschäft aussieht. Überstunden sind für mich kein Problem.

Welche Fragen haben Sie

Überlegen Sie sich Ihre Fragen auf jeden Fall vor dem Gespräch, denn sonst kann es bedingt durch den Stress des Vorstellungsgespräches passieren, dass Ihnen gar nicht mehr einfällt, was Sie eigentlich interessiert. Notieren Sie Ihre Fragen deshalb auf einem Blatt Papier, das Sie im Gespräch dabei haben.

Auf die Reihenfolge kommt es an!

- Wie groß ist das Team, in dem ich arbeiten werde?
- Wie sieht die Einarbeitung aus?
- Wer ist mein direkter Vorgesetzter?
- Wie ist die Stelle in die Firmenorganisation eingebunden?
- Mit welchen Abteilungen werde ich eng zusammenarbeiten?
- Wie sieht die Gewichtung meiner Aufgaben aus?
- Gibt es Weiterbildungsmöglichkeiten?
- Gibt es Aufstiegsmöglichkeiten?

Achten Sie darauf, zunächst Fragen zu den neuen Aufgaben, zur Einarbeitung, zu den neuen Kollegen oder dem neuen Vorgesetzten zu stellen. Sich direkt nach den

- Urlaubstagen,
- Sozialleistungen,
- Arbeitszeiten oder dem
- Gehalt

zu erkundigen, wäre taktisch unklug. Hier liegt sonst die Vermutung nahe, dass Sie vornehmlich am Gehalt interessiert sind und weniger an der ausgeschriebenen Stelle.

Das Stress-Interview

Stressinterviews sind selten!

Wenn Sie für Aufgaben vorgesehen sind, in denen ungewöhnlicher Druck herrscht, möchten viele Personalverantwortliche sehen, wie Sie auf Stresssituation reagieren und er führt ein Stressinterview mit Ihnen.

Im Stressinterview werden Sie mit einer Reihe von unangenehmen und unerwarteten Fragen konfrontiert.

Zumeist wird nach kurzem Smalltalk der Angriff auf Sie eröffnet. Ihre Angaben, sowie Ihre Fähigkeiten werden massiv bezweifelt.

Dabei müssen Sie sich aber immer vor Augen halten: Diese Fragen dienen nur der Provokation!

Deshalb sollte Ihre Reaktion nicht zu heftig ausfallen, denn genau diese Reaktion wäre auch in der beruflichen Wirklichkeit grundfalsch. Bleiben Sie sachlich und warten Sie ab. Sie haben es nicht nötig, aus der Luft gegriffene Behauptungen und Anschuldigungen zu kommentieren. Versuchen Sie einfach, alle Fragen so knapp wie möglich zu beantworten.

Beispiel: Finden Sie nicht auch, dass Sie diese Position etwas über Ihren Fähigkeiten liegt?

So bleiben Sie gelassen im Stress-Interview

- Immer sachlich bleiben. Schlagen Sie nie auf der persönlichen Ebene zurück.
- Lassen Sie Ihren Gesprächspartner ausreden. Fallen Sie ihm trotz aller Provokation nicht ins Wort.
- Lassen Sie sich Zeit mit Ihren Antworten. Besser länger überlegen als sich provozieren lassen.
- Versuchen Sie auch in Ihrer Körpersprache Aggressivität zu vermeiden.
- Bedenken Sie immer: Die Angriffe sind bloße Taktik und nicht persönlich gemeint.

Überschreitet der Personaler allerdings die Grenzen des allzu Persönlichen, sollten Sie sich diese Frechheiten und Unterstellungen in höflicher Form verbitten.

Vergessen Sie nicht: Es ist ab einem bestimmten Zeitpunkt notwendig, angemessen, aber bestimmt zu reagieren. So zeigen Sie, dass Sie sich durchsetzen können.

Das Stressinterview testet Ihr Durchsetzungsvermögen!

Das passive Interview

Falls Ihr Gegenüber lange schweigt, möchte man Sie möglicherweise in dieser unangenehmen Situation testen.

Dies kann für Aufgaben, bei denen Sie sehr kontaktfreudig sein müssen, sinnvoll sein.

Fühlen Sie sich nicht dazu genötigt immer weiter zu reden, stellen Sie offene Fragen. Dadurch fordern Sie eine Antwort. Offene Fragen sind alle sogenannten W-Fragen! Wodurch; Womit; Welche; Wieso; Wann; Weshalb; usw.

Kleine Gesprächspausen sind kein Problem. Halten Sie auch während dieser Pause angemessenen Blickkontakt. Warten Sie einfach ab und lassen Sie sich nicht aus der Ruhe bringen.

Gehen Sie noch einmal Ihre Notizen durch oder schauen Sie, ob Sie eine Ihrer Fragen zum Unternehmen anbringen können.

Grundsätzlich gilt die Faustregel höchstens 70% reden - mindestens 30% zuhören.

Fragen, die Sie nicht beantworten müssen

Auch wenn ein offenes und ehrliches Vorgehen im Bewerbungsgespräch natürlich immer das Beste ist, gibt es auch Dinge, die den Arbeitgeber nichts angehen.

Selbst wenn der Arbeitgeber nicht alles fragen darf, halten sich in der Realität nur die wenigsten Personaler an diese Vorgaben. Darum diese Information, welche Fragen sind beantworten müssen und welche nicht.

Im Zweifel kann man immer freundlich antworten, wenn man darauf vorbereitet ist und sich von vornherein bestimmte Antworten auf unzulässige Fragen überlegt hat - kleine Notlügen eingeschlossen.

Die Antwort auf diesbezügliche Fragen darf auch eine Notlüge sein. Es hilft Ihnen nicht, die Antwort auf die Frage zu verweigern, da dies ja eine negative Antwort impliziert.

Reagieren Sie auf keinen Fall beleidigt oder gar belehrend, wenn Ihnen eine unerlaubte Frage gestellt wird.

Sie begeben sich nur selbst in eine unangenehme Situation. Schließlich haben Sie gerade die Frage nach Ihrem Hobby noch gern beantwortet.

Grundsätzlich sind all jene Fragen unzulässig, die die mit dem zu besetzenden Arbeitsplatz in keinem direkten Zusammenhang stehen.

- Parteizugehörigkeit
- Heiratsabsicht
- Kinderwunsch
- Öffentliche Ämter und Ehrenämter
- Mitgliedschaft in Vereinen und Verbänden
- Religionszugehörigkeit
- Vorstrafen
- Schwangerschaft
- Gewerkschaftszugehörigkeit
- Vermögensverhältnissen.

Bedenken Sie aber, dass für bestimmte Positionen nach solchen Tatsachen gefragt werden darf.

Beim Kassierer spielen die Vermögensverhältnisse tatsächlich eine Rolle, in der kirchlichen Organisation darf man Sie nach der Religionszugehörigkeit fragen und falls Sie mit Giften umgehen, muss der Arbeitgeber fragen, ob Sie schwanger sind.

Einstellungstest *
Assessment Center

Wer sich um einen Job bewirbt, muss manchmal mit einem Assessment Center rechnen. In der Einladung zum Gespräch wird Ihnen dies bereits mitgeteilt, darum können Sie sich entsprechend vorbereiten.

Assessment (engl.) bedeutet so viel wie „Feststellung", „Abschätzung", „Bewertung". Das Assessment Center, manchmal auch Einstellungstest, Auswahltag oder Personalentwicklungs-Seminar genannt, ist eine Kombination aus verschiedenen Tests, Planspielen und Gesprächen. Vertreter des Unternehmens testen und begutachten eine Gruppe von Bewerbern ein bis mehrere Tage lang – in Gruppen und Einzelübungen. Je nachdem, welche Qualifikationen die Firma verlangt und von wem sie ihre Tests anfertigen lässt, können AC sehr unterschiedlich sein.

Psychotests haben sich etabliert. Früher waren es oft nur Fragebögen, mit denen Firmen herausfinden wollten, wie intelligent, konzentrations-, leistungs- oder teamfähig der Aspirant auf einen Job ist. Heute müssen die potenziellen Fach- und Führungskräfte manchmal sogar gegeneinander antreten.

Mit diesem Methodenmix aus Tests und Arbeitssimulationen werden Sie darin gemessen, wie sie den

Postkorb bearbeiten, in Gruppendiskussionen abschneiden oder simple Textaufgaben lösen.

Die meisten Fragen und Aufgaben verlieren jedoch ihren Schrecken, wenn man sie vorher schon mal geübt hat.

Folgende Tests sind im Umlauf und können daher im Internet entsprechend ermittelt werden um sich Vorzubereiten!

<u>Allgemeinwissenstest</u>

Typische Fragen:
Welcher Stoff sorgt dafür, dass ein Rasen grün ist?
Aus welchem Werk stammt das Zitat „Die Geister, die ich rief ... "

<u>Fachwissenstest</u>

Hier werden berufsspezifische Kenntnisse abgefragt.

<u>Leistungs- und Konzentrationstest</u>

Unter Zeitdruck Figuren oder Grafiken nach bestimmten Merkmalen sortieren oder aus sehr ähnlich aussehenden Buchstabenfolgen und Zeichnungen unpassende herausfinden.

<u>Gedächtnistest</u>

Sie sollen sich 20 bis 30 Wörter merken, die zum Beispiel aus fünf Sachgruppen stammen (Berufe, Städte,

Sportarten ...)Sie sollen sich an das gelernte Wort und die dazugehörige Kategorie erinnern.

Aufsätze schreiben

Bearbeitungszeit: 30 bis 60 Minuten.

Intelligenztest

Mit genormten Aufgabenstellungen werden der allgemeine Intelligenzgrad oder spezielle Komponenten erfasst.

Persönlichkeitstests

Kontaktfähigkeit, Leistungsbereitschaft und Geschlechtsidentität.

Personalfragebögen

Diese können auch Fragen zur Persönlichkeit enthalten.

Biografische Fragebögen

Es wird nach dem persönlichen Verhalten in vergangenen beruflichen Situationen und dem Verhalten in fiktiven Konfliktsituationen gefragt.

Einzel-Assessment

Entspricht im Prinzip dem Assessment Center, aber jeder Kandidat wird einzeln getestet. Aus Diskretionsgründen meist bei Führungskräften eingesetzt. Dauer: in der Regel nur ein Tag.

Alle oben genannten Themen werden verwendet. Im Internet finden sich entsprechende Portale um zu trainieren.

Die beste Strategie, diesem Thema zu begegnen, ist Training – denn bestimmte Typen von Aufgaben kehren in allen Tests regelmäßig wieder.

Ende Ihres Bewerbungsgespräches

Im Laufe jedes Vorstellungsgespräches, zumeist am Ende, kommt immer die Frage nach Ihren Fragen. Wenn Sie sich an meine Vorbereitungs-Tipps gehalten haben, können Sie hier glänzen. Es gilt Fragen zu stellen, die zeigen, dass man sich für das Unternehmen und den Job wirklich interessiert.

Sie dürfen und sollen Fragen stellen, die für Ihre Entscheidungsfindung wichtig sind und noch nicht im Laufe des Gesprächs geklärt wurden.

Ein guter Abschluss ist es, die Gesprächspartner um ihre Visitenkarten zu bitten, mit dem Hinweis, anrufen zu dürfen, wenn noch weitere Fragen auftauchen würden.

Zum Ende des Gesprächs sollte geklärt werden, wer sich wann beim Anderen meldet.

Die Verabschiedung

Nehmen Sie sich genügend Zeit für das Gespräch. Es sollte Ihnen auf keinen Fall passieren, das Vorstellungsgespräch beenden zu müssen, weil Sie noch einen anderen Termin haben.

Gehen Sie nicht hinaus, ohne dass Sie das Vorstellungsgespräch beurteilen.

Sagen Sie, dass Sie das Gespräch gut fanden, der Job sie sehr reizt, das Unternehmen Sie noch mehr als zuvor interessiert, die Aufgabe spannend ist.

Verabschieden Sie sich auch von Sekretärin, Empfangsdame und Pförtner. Vergessen Sie nicht, eventuell Ihr Besucherschild wieder abzugeben.

Absage

Folgt dem höflichen -Wir kommen auf Sie zu- eine förmliche Absage, quälen Sie sich nicht.

Analysieren Sie im Nachhinein, was Sie hätten besser machen können und lernen Sie so für das nächste Gespräch.

Sie können sich noch einmal mit Ihrem Gesprächspartner in Verbindung setzen und sich die Gründe für die Absage erklären lassen.

Sie haben auf jeden Fall an Erfahrung gewonnen und werden im nächsten Vorstellungsgespräch besser sein.

Anekdoten

- o Toll fand ich, als ich einmal einen Patissier für unsere Küche gesucht habe und ein Bewerber Musterpralinen mitgeschickt hat.

- o Sehr oft kommen Bewerber zu Vorstellungsgesprächen ohne erkennbaren Grund zu spät und haben sich nicht mit dem Unternehmen und der Stelle auseinandergesetzt.

- o Die Bewerbung war an mich adressiert, aber ein falscher Name in der Anrede.

- Ein Bewerber hatte vorne auf der Bewerbungsmappe ein Foto von sich, auf dem er nur mit einer Short bekleidet war und einen großen Fisch in den Händen hielt. Er wollte damit seine Zielstrebigkeit verdeutlichen, nach dem Motto: "Ich hol die richtig großen Fische."

- Wir hatten schon Bewerbungen in Form eines Flyers, einer CD oder als Weinflasche verpackt. Das ist unangebrachtes Marketing. Häufig erfüllen gerade diese Bewerber die formalen Kriterien für die Stelle nicht und versuchen durch eine kreative Aufmachung davon abzulenken.

- Andere legen ihrer Bewerbung Fotos aus der Freizeit bei oder liefern in einer E-Mail 30 Seiten Anhang mit.

- Bei einer Bewerberin klingelte das Handy, statt sich zu entschuldigen, nahm Sie den Anruf entgegen und telefonierte ca. 3 Minuten.

- Ein Bewerber fragte nach, ob er sein Gewohntes Bier zum Essen in der Kantine bekomme.

- Ein anderer zündete sich ohne Kommentar eine Zigarette an.

kurz & bündig

Schnelle Tipps zur Vorbereitung Ihres Vorstellungsgespräches.

- Informieren Sie sich auf der Homepage und sonstigen Internetportalen über das Unternehmen. Listen Sie die wichtigsten Fakten auf. Nehmen Sie diese mit ins Gespräch.
- Erarbeiten Sie eine Liste mit Fragen. Nehmen Sie diese unbedingt mit ins Vorstellungsgespräch und stellen Sie die Fragen, die nicht schon im Gespräch geklärt werden.
- Informieren Sie sich über die Anreise und erstellen Sie einen großzügigen Zeitplan.
- Wählen Sie ein Bewerbungsoutfit aus und ziehen Sie es testweise an. Machen Sie sich auch Gedanken über Frisur, Accessoire, Schuhe usw.
- Nehmen Sie Ihre komplette Bewerbung, Liste mit den Firmendaten, Liste mit Fragen zum Unternehmen, eine Anreiseskizze, Ihren Terminkalender sowie Papier und Stifte mit zum Termin.
- Bereiten Sie sich darauf vor, Ihren Lebenslauf wiederzugeben. Achten Sie darauf, Ihren Lebenslauf auf die ausgeschriebene Stelle zu

beziehen und dass Sie den roten Faden nicht verlieren.

- o Überlegen Sie sich Antworten auf Problem-Punkte in Ihrem Lebenslauf.
- o Machen Sie sich klar, warum Sie genau Sie die richtige Person für die Stelle sind.
- o Überprüfen Sie Ihre Körperhaltung vor dem Spiegel und mögliche Reaktionen auf Stress-Fragen.
- o Freuen Sie sich auf Ihre Chance.

Beispiele

Bewusst wird hier auf Beispiele von Anschreiben, Lebenslauf oder Motivationsschreiben verzichtet.

Versuchen Sie Ihren eigenen Stil zu finden unter Beachtung meiner Tipps.

Wenn Sie gerne Beispiele lesen, empfehle ich Ihnen im Internet möglichst viele verschiedene Muster durchzulesen. Gerade die Menge ist ein wichtiges Kriterium. Die Musterbriefe, Motivationsschreiben oder Lebensläufe müssen nicht zu Ihrem Beruf passen, Hauptsache Sie Lesen viele unterschiedliche Beispiele.

Damit bekommen Sie ein Gefühl dafür, wie eine gelungene Bewerbung aussieht. Nutzen Sie die Vorlagen nur als Ideengeber und Gerüst für Ihre eigenen Texte.

Die Gefahr den Muster-Text in Ihre Bewerbung zu übernehmen ist groß, bitte entwerfen Sie stets Ihr ganz eigenes Bewerbungsschreiben. Die Personaler erkennen immer sofort eine abgeschriebene Textvorlage!

<u>So einzigartig wie Sie sind, sollte auch Ihre Bewerbung sein!</u>

> Setzen Sie Ihre Qualifikation und damit sich selbst wirksam und glaubwürdig in Szene.

Tipp Ausbildungsplatz

Der Lebenslauf ist für Jugendliche, die sich um eine Lehrstelle bewerben, so etwas wie eine erste Arbeitsprobe.

Da berufliche Erfahrungen fehlen, sollten die entsprechenden Erkenntnisse aus Praktika herausgestellt werden. Wahlfächer oder Hobbys die mit der Berufswahl in Zusammenhang stehen, sollten entsprechend herangezogen werden.

Hier ist ein <u>Motivationsschreiben ein Muss!</u> Darin sollten Sie begründen, warum sie sich für den jeweiligen Beruf entschieden haben. Das Motivationsschreiben sollte Beispiele geben, anhand derer sich der Ausbildungsbetrieb ein Bild von Ihnen und Ihrem Interesse an der Lehrstelle machen kann.

Beispiel:

… meine Internetrecherche hat ergeben….
… mit den Beruf xy beschäftigt und bin mir sicher …
… ersten praktischen Erfahrungen konnte …
… meine Englischkenntnisse sind …
… der Umgang mit dem PC ….
… ein Partnerschaftsprogramm hat …

Zum Schluss

Wenn Sie die Frage beschäftigt, wann Sie eine Bewerbung bzw. einen Stellenwechsel in Angriff nehmen sollen, beantworten Sie für sich die folgenden Fragen.

- Bin ich im Job zufrieden?
- Fordert mich die Aufgabe?
- Gehe ich mit einem guten Gefühl zur Arbeit?
- Tue ich meist etwas Sinnvolles?
- Habe ich perspektiven für die Zukunft?
- Wie ist mein Verhältnis zum Chef und den Kollegen?

- Ist mein Arbeitsplatz sicher?
- Werde ich leistungsgerecht bezahlt?

Entweder Sie stellen fest, Ihr jetziger Job bietet alles was Sie möchten oder es gibt einige Gründe für einen Wechsel.

Zusätzlich sollen Sie für sich eine ‚plus-minus Liste' erstellen! (siehe ‚definieren Sie sich')

Grundsätzlich sollten Sie spätestens nach 5 Jahren Ihre Tätigkeit und Ihren Arbeitgeber hinterfragen.

Eine neue Herausforderung, eine neue Aufgabe und/oder ein neuer Arbeitgeber dient nicht nur der Karriere sondern in erster Linie Ihrer Zufriedenheit.

Natürlich können Sie immer Ihren Marktwert und Ihre Möglichkeiten testen! Obwohl dies mit viel Aufwand und Arbeit verbunden ist, sollte Sie nichts davon abhalten.

Das Ziel ist immer persönliche Werte und berufliche Entwicklung zu verbinden!

Die zeitgemäßen und zielgerichteten Erfolgsfaktoren für Kompetenzen, bei der Bewerbung und Ihrer weiteren persönlichen Entwicklung, vermitteln wir auch in Seminaren!

Diese offenen Seminare, sowie firmeninterne Trainings finden immer in kleinen Gruppen statt, um ein optimales Trainingsergebnis zu erzielen. Natürlich ist auch ein individuelles Coaching möglich.

Wenn Sie an einem Update Ihrer

- ✓ persönliche Kompetenzen
- ✓ Methoden Kompetenzen
- ✓ Soft Skills für Nachwuchskräfte

interessiert sind, fordern Sie Informationen an unter

<u>albrecht@premiumseminare.de</u>

Gerne nehme ich auch Ihre Anregungen, Wünsche und Fragen entgegen.

www.premiumseminare.de